세상을 구하는 영화관

세상을 구하는 영화관

오늘 본 영화에서 미래의 우리를 구하는, 우리가 원하는 세상 이야기

초판 1쇄 인쇄 2022년 11월 10일
초판 1쇄 발행 2022년 11월 25일

글쓴이	이지선 배동미
그린이	JUNO
펴낸이	이영선
책임편집	김영아

편집	이일규 김선정 김문정 김종훈 이민재 김영아 이현정 차소영
디자인	김회량 위수연
독자본부	김일신 정혜영 김연수 김민수 박정래 손미경 김동욱

펴낸곳 서해문집 | 출판등록 1989년 3월 16일(제406-2005-000047호)
주소 경기도 파주시 광인사길 217(파주출판도시)
전화 (031)955-7470 | 팩스 (031)955-7469
홈페이지 www.booksea.co.kr | 이메일 shmj21@hanmail.net

ISBN 979-11-92085-77-7 43300

오늘 본 영화에서
미래의 우리를
구하는

우리가 원하는
세상 이야기

이지선 배동미 지음
JUNO 그림

세상을 구하는 영화관

전쟁, 빈곤,
차별, 기후위기로
고통받는

영화 속
나의 소중한
세상을 위해

서해문집

들어가는
말

2022년 6월 한국. 주유소에서 기름을 넣기가 무서웠습니다. 휘발유 가격이 어찌나 올랐는지 몰라요. 장을 보러 마트에 가도 마찬가지였어요. 장바구니에 별로 담은 것도 없는데 5만 원, 10만 원이 훌쩍 넘네요. 식용유 값이 너무 올라 치킨집 사장은 울상이라는 뉴스도 보이고요. 밀가루 값이 올라 빵집을 운영하는 사람도, 빵을 사 먹는 사람도 울상입니다.

식용유, 밀가루, 버터에 설탕 등 식자재 가격과 기름 값이 껑충 뛰어오른 건 왜일까요? 바로 러시아와 우크라이나의 전쟁이 장기화되고 있어서입니다. 러시아와 우크라이나가 큰 비중으로 생산하는 식자재도 있지만, 전쟁이 길어지며 국제 정세가 불투명해지자 다른 식자재 수출국들도 수출에 완급을 조절하고 있기 때문에 가격이 오르는 겁니다. 휘발유 값도 마찬가지입니다.

이렇게 지리적으로 멀리 떨어져 있고, 문화적으로도 매우 다른 국가에서 일어난 사건이 대한민국에 있는 나에게 영향을 줍니다. 비행기로, 인터넷으로 우리는 하나로 연결된 세계를 살고 있거든요. 남의 일인 것처럼 느껴지는 세계의 이슈를 하나씩 곱씹어볼 이유이기도 하지요.

우리는 영화를 통해 이 이슈들을 하나씩 살펴보려고 합니다. 왜 하필 영화냐고요? 영화는 우리를 가보지 못한 세계로 편하고 빠르게 안내해줍니다. 영화는 어떤 특정한 나라의 역사와 문화 한복판으로 우리를 금세 이끌고 갑니다. 우리는 영화 속 주인공에 감정을 이입하기도 하고, 영화의 배경이 되는 장소나 시대, 역사적 사건에 궁금증을 갖기도 합니다. 세계 곳곳의 이슈들을 다양한 인물과 사건, 흥미진진한 스토리 속에서 파악하고, 나만의 시각으로 다시 곱씹어보기에 더없이 좋은 기회가 바로 '영화'입니다.

이 책에서 여러분은, 한국은 물론 소말리아, 시리아, 인도, 미국,

러시아, 우크라이나 등 다양한 국가를 거쳐갈 것입니다. 시간적으로도 제1차 세계대전이 벌어진 1910년대부터 코로나19 팬데믹으로 고생하고 있는 현재에 이르기까지, 긴 여정을 하게 될 거고요. '전쟁과 난민' '빈곤과 격차' '차별에 반대한다' '함께 살아가기 위하여'의 테마 4개를 통해 다양한 국제 현안을 훑으며 여러분의 시야가 넓어지고, 상식이 깊어지는 경험도 할 수 있길 기대합니다.

한 발 더 나아가 이 책으로 나와 너, 인간과 자연, 사람과 사람이 하나로 연결돼 있다는 걸 다시금 느낄 수 있길 바랍니다. 수십 년만의 가뭄이라는 뉴스를 보면 남극의 펭귄을, 시리아 내전 뉴스를 들으면 고향을 떠날 수밖에 없는 난민을, 백만장자에 대한 보도를 보면 아직도 절대 빈곤에 시달리는 이를 생각할 수 있길 기대합니다. 전쟁, 빈곤, 테러, 환경 파괴 등과 같이 자극적인 국제 뉴스의 홍수 속에서 평화, 연대, 사랑 같은 희망의 키워드도 함께 읽을 수 있길 바랍니다.

2021년 9월, BTS의 유엔 연설 가운데 일부를 공유하며 책의 시작을 알릴까 합니다. "세상이 멈춘 줄 알았는데, 조금씩 앞으로 나아가고 있습니다. 모든 '선택'은 변화의 '시작'이라고 믿습니다. 엔딩이 아니라요. 새롭게 시작하는 세상에서 서로에게 '웰컴(Welcome)!'이라고 말해주었으면 좋겠습니다."

#테마2 빈곤과 격차

#테마3 차별에 반대한다

#테마4   함께 살아가기 위하여

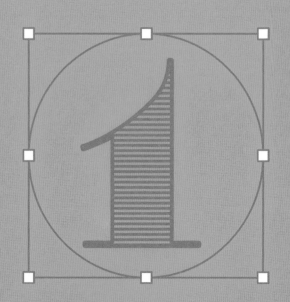

전쟁과 난민

모가디슈

30년째
내전 중인
나라

이제부터 우리가 좀처럼 가기 힘든 나라에 대해 이야기해보려 합니다. 아프리카 대륙에 자리한 소말리아란 나라를 아시나요? 이곳은 코로나19로 세계 여행이 힘들어지기 전부터 방문하기 쉽지 않았던 곳이에요. 오랫동안 전쟁이 이어지며 치안이 무척 불안정하다고 판단한 한국 정부가 2007년부터 소말리아를 '여행 금지 지역'으로 지정했기 때문이에요. 국경을 넘어 다른 국가로 향하는 것은 개인의 자유이지만 정부는 국민을 보호할 의무가 있기에, 정부 허가 없이 소말리아에 들어가면 여권법을 위반한 것으로 처벌을 받습니다. 통계청이 집계한 소말리아의 재외동포 수도 0을 기록하고 있지요.

멀게만 느껴지는 소말리아이지만 한국과의 인연이 아예 없었던 것은 아닙니다. 한때 소말리아에 한국인들이 잠시 머문 적이 있었거든요. 이들이 소말리아를 찾은 건 일자리를 얻기 위해, 혹은 공부를 하기 위해 같이 평범한 이유는 아닙니다. 1991년 한국은 유엔 가입

찬성표를 얻기 위해 기존 유엔 회원국과 원활한 외교 관계를 맺으려 다방면으로 노력하고 있었습니다. 소말리아도 유엔 신규 회원국 가입 여부에 대한 투표권을 갖고 있는 국가 가운데 하나였고, 한국은 소말리아에 외교관을 파견하죠. 영화 〈모가디슈〉는 바로 그때, 소말리아의 수도 모가디슈를 배경으로 합니다. 극 중 한국의 한신성 대사는 찬성표 획득을 목표로 모가디슈의 정관계 인사들을 대상으로 열심히 뜁니다.

하지만 뜻밖의 복병이 나타납니다. 바로 북한입니다. 당시 남과 북은 누가 먼저 유엔 회원국에 가입하느냐를 두고 자존심을 건 외교전을 벌이고 있었는데, 노련한 외교 수완을 발휘하는 북한 림용수 대사로 인해 한 대사는 소말리아의 시아드 바레 대통령을 만나는 것조차 쉽지 않습니다.

그러던 중 소말리아 내전이 벌어집니다. 무장한 반군이 도시에 입성하고, 바레의 정부군이 이에 무기로 대응하면서 전쟁이 벌어진 겁니다. 남북한 대사와 대사관 직원, 그 가족은 외부와의 연락이 모두 끊긴 채 모가디슈에 고립됩니다. 현 정부와 친분 관계를 쌓아온 외교관들의 입장에선 정부군과 반군 사이에 끼어 애매한 처지가 됐지요. 사실 처지는 별 문제가 아니고 목숨을 빼앗길 위험에 처하자 생존이 이들의 최대 목표가 되어버립니다. 그리고 그 목표에는 국경이 없죠. 어느 나라 소속이든 생존은 인간의 기본적 욕망이니까요. 그렇게 서로 적대하던 남북 외교관은 전쟁터가 된 소말리아를 탈출하기 위해 힘을 모읍니다.

# #

금지된 국가,
소말리아

1991년 시작된 소말리아 내전은 지금까지 30년 넘게 진행 중입니다. 정부군과 반군이 엎치락뒤치락하며 같은 국민끼리 서로 총을 겨눈 지 수십 년이 지났습니다. 물론 소강상태도 있었습니다만, 내전의 혼란을 틈타 태동한 이슬람 극단주의 단체 알샤바브가 반군이 되어 정부와 맞서며 2차 소말리아 내전이 일어난 2009년 이후, 전쟁은 좀처럼 끝날 기미가 보이지 않고 있습니다.

문제는 그 오랜 시간 동안 소말리아 시민의 안전과 행복이 위협받고 있다는 것이죠. 하루가 멀다 하고 모가디슈에서 자살 폭탄 테러가 일어났다는 뉴스가 전해질 정도로 양측의 공격과 반격이 격화된 적도 있으니 그 사이 시민들은 끊임없이 생존을 고민할 수밖에 없습니다.

소말리아 사람들도 내전이 이토록 오래 지속될 줄은 몰랐습니다. 소말리아는 선거를 통해 대통령을 선출하는 민주국가였습니다. 영국령 소말릴랜드와 이탈리아령 소말리아가 2차 세계대전 이후 통일돼 소말리아가 되었고, 1960년 첫 대통령이 국민의 손으로 뽑혔죠. 그러나 1969년 군인 출신 시아드 바레가 쿠데타를 일으키고 스스로 대통령 지위에 올랐고, 이후 22년간 집권하며 독재정치를 폅니다.

영화 〈모가디슈〉엔 남한의 강대진 참사관이 모가디슈 공항에 도착하는 장면이 나오는데, 이때 건물 외벽에 걸린 거대 초상화 속 인물이 기억나나요? 주요 시설인 공항에 얼굴을 대문짝만하게 도배한 사람이 바로 바레였죠. 그가 어떤 식으로 소말리아를 통치했는지 이 장면에서도 유추할 수 있을 겁니다.

소말리아는 부족 중심 문화가 발달한 나라입니다. 우리가 일반적으로 생각하는 국가는 국가를 대표하는 대통령이나 총리 등이 민주적으로 선출되고, 이 리더를 중심으로 관료제가 구조화된 나라입니다. 하지만 소말리아는 이와는 많이 다르죠. 영토 대부분이 사막인 탓에 농사지을 땅과 물을 얻기 위해 여러 부족이 단합해 시스템을 운영하는 전통이 소말리아에 세워졌다고 해요. 그런데 바레 대통령은 이런 전통 문화를 악용했어요. 4대 부족 중 자신이 속한 다로드족을 대거 등용해 국가의 요직에 앉히면서 권력을 장악했지요. 다로드족 중심 정치에 반기를 드는 다른 부족은 학살해 그 피해자 수만 5만 명에 달한다고 합니다. 그야말로 '피의 정치'를 편 겁니다.

이전까지 힘을 모을 필요성을 느끼지 못했던 다로드족을 제외한 나머지 부족은 바레를 향한 정치적 분노를 차곡차곡 쌓아갔어요. 그리고 바레에 반대하는 통일소말리아회의(Union of Somalia Congress, USC)라고 불리는 부족 연합체를 결성했죠. USC는 언론을 장악해 내전이 시작되었음을 전 국민에게 선언한 뒤 군대를 조직해 수도 모가디슈에 입성했습니다. 그리고 바레를 대통령 궁에서 쫓아냈지요. 바레는 이후 다시는 소말리아에 발을 붙이지 못하고 먼 타국인 나이지리아에서 1995년 사망했습니다.

그렇게 바레가 사라졌지만 여러 부족이 하나로 뭉치는 건 여전히 쉬운 일이 아니었어요. USC를 이끌던 아이디드는 임시 대통령을 지명하고 임시 정부를 세웠으나 부족 간 권력 다툼이 계속 벌어졌습니다. 게다가 아이디드도 스스로 대통령직을 맡는 등 '제2의 바레'가 되려는 것 아니냐는 비판에 직면했죠.

내전이란 혼란의 씨앗이 심어진 이후, 소말리아 땅에는 여러 정부가 무너지고 세워지길 반복했어요. 그러는 동안 평범한 소말리아인의 삶은 나아지지 않았죠. 유엔 국제농업개발기금(IFAD)에 따르면 소말리아 전체 인구의 40퍼센트가 극빈층이고 농촌 지역의 경우절반 이상이 극빈층이라고 해요. 제대로 된 의료 시스템도 갖춰지지 않았죠. 모가디슈를 돌아다니는 무료 구급차도 정부가 아닌 민간인이 힘을 모아 운용하는 것이고요. 사실상 소말리아 정부가 제대로된 기능을 하지 못하는, 무정부 상태인 거죠. 게다가 최악의 가뭄이 겹치며 2011년 유엔은 소말리아에 심각한 식량 부족 상황을 뜻하는 '기근' 선언을 하기도 했습니다. 소말리아에 '실패한 국가'란 슬픈 낙인이 찍혔습니다.

# #

천혜의 요지,
'아프리카의 뿔'

여러분은 소말리아의 위치를 지도에서 찾을 수 있나요? 바로 아프
리카 대륙의 가장 오른쪽에 소말리아가 있습니다. 한반도와 같이
바다로 둘러싸인 반도 국가이지요. 바다로 향하는 영토가 마치 뾰
족한 뿔처럼 생겼다고 해서 '아프리카의 뿔'이란 별명으로 불리기
도 해요. 동쪽에는 아라비아해가 있고, 북쪽으로는 아덴만을 끼고
있습니다.

지리적으로 보자면, 소말리아는 아프리카와 아라비아, 유럽으로
향하는 요지가 분명합니다. 바닷길을 통하면 홍해와 이집트의 수에
즈 운하를 거쳐 유럽의 지중해까지 닿을 수 있습니다. 그리고 좁은
아덴만 해협을 건너면 넓은 아라비아반도가 펼쳐지지요.

천혜의 요지가 될 조건을 갖춘 소말리아 해안은 이런 이점을 살
리지 못하고 오히려 위험천만한 곳이 되었어요. 아덴만 부근이 이
곳을 지나는 선박을 노린 해적의 온상이 된 것이죠. 조직적으로 출
몰하는 해적은 국제적으로도 악명이 높습니다. 이곳의 해적이 기

승을 부리던 2007년부터 2011년 사이에 납치된 선원의 수만 해도 3500명을 넘었습니다. 이 해적을 '소말리아 해적'이라고 부릅니다. 어쩌다 나라 이름이 해적 떼를 수식하는 말이 되었을까요? 앞서 언급한대로 내전으로 인해 소말리아가 무정부 상태로 치달았기 때문입니다.

내전으로 먹고살기 어려워진 소말리아인들은 1990년대부터 바다의 골목대장으로 변했습니다. 처음엔 바다를 지키기 위해 무장했어요. 내전으로 소말리아 해군이 제 기능을 하지 못하자 외국 어선이 아덴만에 출몰해 불법으로 고기잡이를 하고 폐기물을 무단 투기하는 일이 늘었거든요. 이 바다가 삶의 터전인 소말리아 사람이 직접 이런 행위를 막기 위해 군 대신 나설 수밖에 없었죠. 하지만 통제할 중앙 권력이 없는 상태에서 무기를 쥔 이들은 이내 해적이 되었습니다. 이들 눈엔 바다를 지켜내 어업으로 돈을 버는 것보다 도적질이 더 큰돈을 쥘 수 있는 기회처럼 보였던 것 같아요. 소말리아 해적은 아덴만을 오가는 벌크선, 유조선 같은 느린 선박을 포획해 거액을 뜯어내기 시작했어요. 스스로를 지키기 위한 자경단이 어느새 악명 높은 도적단으로 변한 겁니다. 그리고 점점 대담하게 더 먼 바다인 인도양까지 해적질의 범위를 넓혔지요.

한국 배도 이들의 표적에서 예외는 아니었어요. 2011년 1월, 한국의 유조선인 삼호주얼리호가 소말리아 해적에게 붙잡힌 사건이 벌어졌습니다. 한국 정부는 이때 해군을 파병해 '아덴만의 여명 작전'이란 이름의 구출 작전을 벌였어요. 한국뿐 아니라 많은 나라가 소말리아 해적의 노략질을 겪자 유엔 안전보장이사회는 국제 공조 하에 해적을 퇴치하기 위해 소말리아 영해에 외국 정부 진입을 승인하는 결의안을 채택했어요. 이 결의안에 따라 한국을 포함한 세계 여러 국가가 연합 작전을 펼쳤고, 2011년 이후 소말리아 해적이 급감합니다.

# #

지구온난화와도 싸우는 소말리아

오래 이어진 내전과 그로 인한 국가 시스템 부재, 한때 많은 이의 꿈이 해적이었을 만큼 심각한 실업 등 소말리아가 풀어야 할 문제는 많습니다. 여러 악조건 중 소말리아 국민이 최근에 처한 난제가 있다면 바로 지구온난화입니다. 게다가 이는 앞으로 닥쳐올 문제가 아닌 지금 당면한 긴급한 사안이기도 합니다. 기근이 선포될 정도로 극심했던 가뭄은 현재 진행형인데, 지구온난화가 더욱 가속화하고 있기 때문이죠. 유엔 인도지원조정국(OCHA)에 따르면 2021년 12월 말 기준으로 소말리아 전체 74개 지역 중 66개 지역이 심한 가뭄에 시달리고 있는 상황이라고 해요.

가뭄으로 인해 소말리아의 주요 경제 분야인 농업과 목축업은 붕괴되다시피 했습니다. 여기에 내전과 곡물 사재기까지 겹치면서 소말리아인의 주식인 옥수수와 수수 값은 5년 전과 비교해 2021년 말 기준 최대 120퍼센트 뛰었습니다. 식량을 구하기 점점 어려워지고 국제기구와 단체의 인도적 지원이 필요한 사람이 점점 많아지고 있어요. OCHA는 소말리아 내에 지원이 시급한 대상이 2020년 520만 명에서 2021년 590만 명으로 뛴 데 이어 2022년엔 770만 명에 달한다고 발표했습니다. 또 국제 인도주의 단체인 컨선월드와이드(Concern Worldwide)의 〈2021 세계기아지수 보고서〉에 따르면 소말리아는 135개국 중 기아 위험 1위 국가였다고 해요.

영양분을 충분히 섭취하고 제대로 된 주거 공간에서 안전하게 잠을 자는 건 살아가는 데 기본적인 조건이지만 소말리아에선 이조차 쉽지 않은 일입니다. 매일 수많은 소말리아인이 살아남기 위해 난민이 되길 택하지요. 이들은 주로 인근 국가로 향하는데, 몇 시간이고 걸어 서쪽 국경을 맞대고 있는 에티오피아나 남쪽 국경 너머의 케냐가 목적지입니다. 목숨을 걸고 바다를 건너 아라비아반도의 예멘으로 갔다가 그 지역 분쟁으로 삶이 더 궁핍해지는 이중고를 겪기도 합니다. 이렇게 소말리아를 떠난 사람들은 얼마나 될까요? 2021년, 전 세계에 퍼져있는 소말리아 난민 수는 1만 3000여 명, 내전과 가뭄으로 피난을 떠난 실향민은 296만 명에 달합니다.

영화 <모가디슈>는 소말리아의 수도 모가디슈를
배경으로 합니다.

시아드 바레가 쿠데타를 일으키고
이후 22년간 집권하며 독재정치를 폅니다.

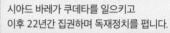

통제할 중앙 권력이 없는 상태에서 무기를 쥔
이들은 이내 해적이 되었습니다.

<2021 세계기아지수 보고서>에 따르면 소말리
아는 135개국 중 기아 위험 1위 국가였다고 해요.

소말리아 청년에게서
희망을 보다

흙탕물 속에서도 때가 되면 연꽃이 핍니다. 작지만 유의미한 변화는 소말리아에서 이미 시작되었습니다. 최근 소말리아 청년들이 직접 현재의 문제를 해결하고 미래를 이끌 주역으로 나선 겁니다. 청년 세대는 인터넷과 통신을 이용해 빠르고 효과적으로 움직이며 변화를 꾀하고 있어요. 예를 들어볼까요? 소말리아어로 '가뭄'이란 뜻을 지닌 웹 플랫폼 '아바라하(Abaaraha.org)'는 2017년부터 어려움에 처한 소말리아인과 NGO를 연결해주는 다리 역할을 했습니다. 도움이 필요한 소말리아인이 아바라하의 GPS를 통해 자신의 위치를 알리면, NGO와 자원봉사자가 이를 바탕으로 그에게 도움을 줄수 있어요. 이렇게 되면 구호 단체가 피해자의 정확한 위치를 몰라 제때 돕지 못하는 일을 막을 수 있죠.

또 소말리아 청년들은 소셜 미디어를 활용해 소말리아에 대한 전세계의 관심을 모으는 역할도 하고 있어요. 소셜 미디어에 소말리아인의 삶과 그들의 말을 전하고 구호 자금을 모으는 비영리단체 소말리아페이스(SomaliaFace)는 소말리아 출신 젊은 학자의 아이디어에서 탄생했지요. 2019년 12월, 또다시 트럭 폭탄 테러가 발생했을 때, 모가디슈 청년들은 피해자 가족에게 직접 연락을 전하는 '전화 은행'을 운영하며 국가의 역할을 대신한 거지요. 이렇게 새로운 세대가 제시한 새로운 해법은 위기의 순간 더욱 빛이 났습니다.

아름다운 해안을 가진 아프리카의 곧은 뿔, 소말리아. 그곳 청년들은 내전의 아픔 속에서도 희망을 잃지 않고, 안전한 나라를 꿈꾸며 자신들의 손으로 당장 할 수 있는 일을 하고 있습니다. 연대와 사랑의 힘을 보여주고 있지요. 소말리아에 언젠가는 평화가 도래하고, 우리도 그곳에 갈 수 있는 날이 오기를 소망해봅니다.

일상이 된 재난 속에서
산다는 것….

세계인의 마음에 돌을 던졌던 사진 한 장. 해안가에 고개를 묻고 엎드려 있는 아이의 뺨에 부드러운 파도가 밀려오고 있는 사진입니다. 이 아이는 3살, 끊임없는 파도에 미동도 없는 이 아이는 꿈이라도 꾸고 있는 걸까요? 아니요, 그는 물에 빠져 세상을 뜬 상태였습니다.

2016년 9월, 파도에 떠밀려 터키 해안가에서 발견된 이 아이의 이름은 아일란 쿠르디, 시리아 난민입니다. 아빠, 엄마, 형, 아일란. 4명의 가족은 시리아 내전을 피해 스웨덴으로 가려다 변을 당했습니다. 브로커에게 우리 돈 500만 원이 넘는 거액을 주고 작은 고무보트에 오른 쿠르디 가족은 이내 높은 파도를 만났어요. 아빠 압둘을 제외하고 모두 목숨을 잃었습니다.

국경을 넘는 건 때론 바다를 건너고 산을 넘는 험난한 일이기에 쿠르디 가족처럼 사고를 당하는 난민에 대한 뉴스가 자주 들려오곤

하죠. 특히 내전으로 모국인 시리아를 떠나 난민이 되길 자처한 이들은 상상을 초월할 정도로 많습니다. 한때 시리아 인구의 절반인 1000만 명이 난민이던 시절이 있을 정도죠.

시리아 북부 도시 알레포의 갓난아기 사마도 쿠르디처럼 내전 중에 태어났습니다. 사마는 시리아어로 '하늘'이란 뜻이래요. 사마의 눈에 비친 하늘이 늘 푸르길 바라는 부모의 마음이 느껴집니다. 그런데 현실은 온통 잿빛이었어요. 러시아군 폭격기가 굉음을 내며 날아다니고, 폭탄이 만든 연기로 뒤덮인 하늘이 사마가 본 전부였습니다.

더 안타까운 건 전쟁이 일상이기에 뻥뻥 터지는 폭탄 소리에도 사마가 보채거나 울음을 터트리지 않는다는 점이에요. 어린 사마로선 전쟁의 위험성을 이해할 수 없겠지요. 사마의 엄마인 와드는 "폭격기 소리가 들릴 때마다 심장이 천 갈래로 찢어진다"고 말합니다.

그래서 엄마 와드는 카메라를 들고 이 모든 걸 기록하기로 합니다. 다큐멘터리 영화 〈사마에게〉는 그렇게 탄생했어요. 카메라를 든 엄마 와드는 전쟁의 참상을 기록하고 딸 사마에게 내전에 대해 설명합니다. "아사드 가문 독재는 네 할아버지가 어릴 때부터 시작했다"라고. "엄마와 아빠는 그 긴 독재를 끝내기 위해 알레포에서 버티면서 싸우고 있다"라고.

시리아 내전은
왜 일어났나

"의사 선생님, 이제 당신 차례예요." 2011년 3월, 시리아 남부 다라 지역 10대들이 학교 담장에 스프레이와 페인트로 이렇게 낙서했습니다. 시리아인은 단번에 낙서의 의미를 알아차렸어요. 안과 의사 출신 독재자 바샤르 알 아사드 대통령을 향해 독재를 그만두란 요구인 걸요. 아사드 정권도 그 의미를 잘 알았겠죠. 그래서 10대들을 체포해 고문하기까지 했습니다. 부모와 시민 들은 아이들의 안전을 걱정했고, 정부의 강압적인 대처에 크게 분노했습니다. 다라와 인근 지역 시민은 거리로 쏟아져 나와 아이들의 석방을 요구하는 시위를 시작했습니다. 그리고 이 시위는 곧 시리아 전역으로 퍼져 나갔어요. 시민은 정부에 아이들을 풀어달라고 요구하고, 부정부패 척결을 주장했습니다. 또 평등하고 자유로운 삶을 보장하라고 목소리를 냈지요. 그들이 보기에 시리아는 결코 민주적이지 않은 나라였거든요.

아사드 대통령 집안은 오랫동안 시리아 대통령궁을 독차지해왔습니다. 공군 조종사 출신인 하페즈 알 아사드 대통령은 1971년부터 2000년까지 약 30년 동안 집권했고, 아들 바샤르 알 아사드 대통령이 2000년부터 20년 넘게 독재를 이어오고 있어요. 대를 이어 50

년 넘게 집권한 것이죠. 흐르지 않는 물은 썩기 마련입니다. 아사드 정권은 같은 이슬람 종파 가운데 소수에게만 권력을 나눠주고 부정부패를 일삼았어요. 시리아 국민 대다수인 수니파가 아닌, 시아파의 한 종파 알라위파(Alawites)에게만 권력을 몰아준 겁니다.

2011년 3월, 아사드 정권이 시위대를 강경 진압하는 과정에서 사망자까지 발생합니다. 시민의 분노는 커지면서 대통령 하야를 요구하는 시위로 확장됐고 무장한 반정부 세력이 활동하기 시작합니다. 아사드 정권은 반정부 인사들을 폭압적으로 제거했어요. 내전의 서막은 이렇게 오른 것입니다. 내전 초기 정부군에게 장미와 물병을 건네는 비폭력 운동을 펼치며 '작은 간디'로 불렸던 시리아 청년 기야트 마타르도 정부의 끈질긴 추적 끝에 참혹하게 신체가 훼손된 채로 사형 당해 큰 충격을 주었죠. 마타르뿐 아니라 체포된 시위대는 대부분 집으로 돌아오지 못했습니다. 그리고 제대로 된 재판도 받지 못한 채 목숨을 잃었지요. 유엔 인권최고대표사무소(OHCHR)에 따르면 내전이 벌어진 2011년부터 2021년까지 10년간 35만 명의 시리아인이 목숨을 잃었다고 합니다.

아사드 정권은 아이들의 낙서로 시작된 시위에 왜 그토록 잔혹하게 대응했을까요? 당시 시리아는 아랍 사회에 불어닥친 변화의 물결 한가운데 있었기 때문입니다. 2010년 12월, 시리아와 함께 지중해 연안을 끼고 있는 나라 튀니지에서는 반독재 혁명, 일명 '아랍의 봄'이 일어났어요. 튀니지의 국화(國花) 이름을 따서 '재스민 혁명'이라고도 불리는 이 반독재 운동은 다른 국가에도 영향을 미쳤고 많은 아랍 독재자를 몰아냈습니다. 튀니지를 23년간 통치한 독재자 벤 알리, 30년 집권으로 '살아있는 파라오'라 불렸던 이집트의 호스니 무바라크가 재스민 혁명으로 물러났습니다. 44년간 리비아를 다스린 무아마르 알 카다피는 이 혁명의 물결 속에 시민이 쏜 총에 죽었지요. 그래서 바샤르 알 아사드 대통령은 이런 변화의 시작조차 허용하기 어려웠을 겁니다.

복잡하게
얽힌 실타래

시리아 내전이 벌어진 지 10년이 지난 지금, 아사드 정권은 여전히 권력을 쥐고 있습니다. 내전도 계속되고 있지요. 하지만 이런 의문이 듭니다. 내전을 그토록 오래 지속했다면 양측이 무기와 총탄을 모두 소진하고 돈도 기력도 없어 어떤 식으로든 전쟁을 마무리했을 텐데, 어째서 아직까지 격렬히 전쟁 중인 걸까요? 그건 바로 시리아의 상황이 좀 특별하기 때문입니다.

시리아 내전은 미국, 러시아, 이란, 사우디아라비아, 터키 등 외국이 개입하면서 한마디로 복잡하게 엉킨 실타래와 같아졌습니다.

내전을 치르고 있는 세력은 크게 자유 시리아군(Free Syrian Army, FSA), 이슬람 국가(Islamic State, IS), IS와 같은 뿌리에서 나온 알누스라 전선(al-Nusra Front), 영토 없이 중동에 뿔뿔이 흩어져 살면서 분리 독립을 요구하는 쿠르드족이 있습니다. 그리고 이 모든 세력과 맞서는 아사드 정부군이 있지요.

문제는 쪼개진 여러 전선에 여러 국가가 개입해 무기와 돈을 지원하고 있다는 점입니다. 우선 시리아 북쪽에 자리한 터키는 반군인 자유 시리아군을 지원하고 있습니다. 아사드 정권에 반대하며 자유 시리아군을 지원하는 것이죠. 반대로 시아파 종주국인 이란은 아사드 정권을 지원합니다. 수니파의 대장 격인 사우디아라비아는 이란과 각을 세우며 자유 시리아군, 알누스라 전선 등 반군을 돕고 있습니다.

종교적 배경을 지니고 내전에 뛰어든 이웃 나라와 달리, 지리적으로 멀리 떨어진 미국과 러시아도 시리아 내전에 발을 담갔습니다. 미국은 쿠르드족이 결성한 민병대 시리아 민주군(Syrian Democratic Forces, SDF)을 지원하면서 시리아 내에 미군을 주둔시키고 있어요. 아사드 정권에 반대하고 IS를 공격하죠. 반면 오랫동안 시리아 우방이었던 러시아는 아사드 정권을 돕고 있습니다. 시리아 정부의 공식적인 지원 요청을 받아 사마 가족이 살던 알레포와 같은 도시에 전투기를 동원해 폭탄을 떨어뜨린 국가가 바로 러시아입니다.

여러 국가의 국제적 대리전이 된 시리아의 상황은 복잡한 실타래

같습니다. 이미 전쟁으로 인한 피해가 너무 커서, 전쟁이 끝나도 결국 누구도 승리하지 못할 것이라는 슬픈 탄식도 나오죠. 현재 시리아 영토 약 삼 분의 이가 아사드 정권 손에 들어가면서 시리아인 대부분은 여전히 그의 통치 아래 살고 있습니다. 2021년 5월, 아사드 대통령은 선거를 명목상 치르고 재선에 성공했습니다. 하지만 반군은 여전히 그에 맞서고 있어요. 시리아 북부에는 미국 지원을 받는 쿠르드족이 있고, 시리아 동부는 IS의 손아귀에 있습니다. 독재도 내전도 끝나지 않았습니다.

시리아에
사람이 산다

전쟁 중인 시리아에도 사람이 살고 있습니다. 사마의 가족처럼요. 어려움 속에서도 버티고 살아남아 내전을 기록하고 이를 전 세계에 알리기도 하고 연대의 힘까지 보여줍니다. 전쟁을 이어가는 존재도 사람이지만 희망의 힘을 보여주는 존재도 사람이지요. '하얀 헬멧'을 아시나요? 시리아 내전이 한창이던 2013년부터 2018년까지 폭탄이 떨어진 곳이면 가장 먼저 달려가 피해자를 구하는 '시리아 민방위대'를 일컫는 말입니다. 구조대원들이 새하얀 헬멧을 썼다고 해서, 그들을 일명 '하얀 헬멧'이라고 불러요. 이들은 나이와 성별, 종교에 관계없이 도움이 필요한 사람이라면 누구든 돕는다는 원칙으로 시리아 전역에서 활동했어요. 시리아 전역에 120개 센터를 두고 약 11만 명의 생명을 구했습니다. 하얀 헬멧은 그 공을 인정받아 2016년 노벨평화상 후보에도 올랐지요.

무기 대신 책에서 희망을 찾은 시리아인도 있습니다. 청포도 산지로 유명한 도시 다라야에선 무기가 아닌 책이 사람을 지켰죠. 폐허 속에서 책을 찾아낸 다라야 청년 아흐마드는 작은 도서관을 만들어 많은 사람이 책을 읽고 대출해갈 수 있도록 아이디어를 냈는데, 실제로 도서관을 열자 놀라운 일이 벌어졌습니다. 전쟁 중에 책이 눈에 들어올까 싶지만, 실제는 그 예상과 정반대였다고 해요. 책을 읽으려는 사람이 많았고 토론도 활발히 벌어졌습니다. 다라야 사람들은 도서관에 놓인 책뿐만 아니라 외국 서적 PDF 파일까지 구해 읽기 시작했습니다. 책이 폭탄을 막아주거나 몸에 난 상처를 치유해주는 건 아니지만 전쟁으로 텅 빈 시리아인의 마음을 위로해줬던 겁니다.

영화 속 사마의 가족은 내전에서 살아남았을까요? 2016년 12월, 정부군에 의해 고향 알레포에서 쫓겨난 사마 가족은 영국에 정착했습니다. 평생을 일궈온 삶의 터전을 쫓겨나듯 떠나는 건 쉬운 일이 아니죠. 영화의 마지막에서 엄마 와드는 "어떤 말로도 제 심정을 설명하지 못해요. 여긴 우리 도시예요. 쫓겨나고 싶지 않아요"라고 말

2016년 9월, 파도에 떠밀려 터키 해안가에서 발견된 이 아이의 이름은 아일란 쿠르디, 시리아 난민입니다.

시리아 내전이 벌어진 지 10년이 지난 지금, 아사드 정권은 여전히 권력을 쥐고 있습니다.

유엔 난민기구 통계에 따르면 2022년 2월 현재, 시리아 난민은 약 570만 명에 달합니다.

'하얀 헬멧'은 시리아 전역에 120개 센터를 두고 약 11만 명의 생명을 구했습니다.

하며 울부짖습니다. 유엔 난민기구 통계에 따르면 2022년 2월, 현재 시리아 난민은 약 570만 명에 달합니다.

복잡한 국제 질서의 소용돌이 속에 버티고 서서 시리아에서 살아가는 것도, 그곳을 등지는 것도 힘들었을 시리아인에 대해 다시 생각해봅니다. 사실 그 모습은 멀리 있지 않아요. 1950년 한국전쟁 당시 전쟁을 피해 고향을 등졌던 사람도 다름 아닌 난민이었다는 것을 알고 있나요? 꼭 전쟁이 아니더라도 기후가 급변하면서 물이 말라버리고, 작물을 재배할 수 없어 고향을 떠나야 하는 사람도 있습니다. 이들을 일컬어 '기후 난민'이라고 부른다지요. 이렇듯 우리가 난민이 될 가능성을 완전히 배제할 수 없습니다.

삶을 이어가는 시리아인의 용기에 박수를 보냅니다. 무기 대신 들것을 들고 다친 사람을 구하고, 총 대신 책을 들어 마음을 살찌우며, 폭탄 대신 카메라를 들고 현재 벌어지는 참상을 기록하는 시리아인. 내전 중인 시리아에 사람이 살아 숨 쉬고 있다는 걸 다시금 생각해봅니다. 그리고 그 내전을 끝내기 위해 국제 사회가 어떤 역할을 해야 할지도 함께 말입니다. 여러 국가가 복잡하게 얽힌 이 전쟁을 끝내기 위해 권력과 패권이 아니라 생명과 인권을 최우선 가치로 놓고 해결의 실마리를 찾아야 합니다. 지혜가 모여 시리아 땅에 더 이상의 희생이 없길 바랍니다. 부디 그곳에 평화가 깃들길 기원합니다.

"넌 이런 곳에서 낳다니,
엄마를 용서해줄래?"

크레센도

아주 오래된
갈등,
이스라엘과
팔레스타인

3

여기 사랑하는 두 사람이 자기소개를 합니다. 남자의 이름은 오마르. 팔레스타인의 요르단강 서안 지구 칼킬리아에 삽니다. 여자의 이름은 쉬라 할레비. 이스라엘 텔아비브 출신입니다. 이들은 서로 깊이 사랑하는 사이 같습니다. 손을 마주 잡은 모습이 다른 연인과 다르지 않아요. 영화 〈크레센도〉가 시작하면 이 둘은 누군가에게 보내기 위한 영상을 촬영하면서 이렇게 말합니다. "우린 서로 사랑해요. 집에 돌아가지 않겠어요." 서로 사랑하는 이들은 왜 함께 집에 돌아갈 수 없는 걸까요? 그 이유를 알아보려면 오마르의 나라 팔레스타인과 쉬라의 나라 이스라엘의 얽히고설킨 역사를 알아봐야 합니다.

같은 땅을 두고
시작된 비극

아시아 대륙의 서쪽 끝, 터키 아래 지중해를 접한 땅을 지도에서 한 번 찾아보세요. 이스라엘과 팔레스타인이 보이나요?

아주 오래전 팔레스타인이라고 불린 지역은 현재로 치면 아프리카 북동쪽의 이집트, 아라비아반도 북부 요르단, 시리아 그리고 레바논으로 이어지는 곳이에요. 그 중심에는 예루살렘이 있지요. 유대인은 기원전부터 이 지역에 통일된 왕국을 세우고 살았어요. 서기 1세기부터 로마제국의 힘이 커지고 유대인과 로마 사이에 크고 작은 전쟁이 벌어지다가 결국 유대인은 로마제국에 의해 팔레스타인 땅에서 밀려났어요. 그 이후 이 지역에서 아랍 무슬림, 아랍계 기독교도, 떠나지 않은 유대인까지 여러 민족이 거주하게 되었습니다. 히브리어로 '평화의 마을'이라는 뜻의 예루살렘을 두고 유대인도, 아랍인도 자신의 뿌리이자 성지(聖地)라고 생각하는 이유는 바로 여기에 있습니다.

이렇게 어울려 살아가면 별 문제 없을 것 같았던 이 땅에 분쟁이 생기기 시작한 것은 19세기 들어서입니다. 원래 고향을 떠나 유럽에서 갖은 차별과 핍박에 시달리던 유대인이 '2000년 전 살던 팔레스타인으로 돌아가서 유대인의 국가를 세우겠다'고 나선 것이죠. 이런 목적의 민족주의 운동을 일컬어 시오니즘(Zionism)이라고 합니다. 시오니즘에 불을 붙인 건 러시아에서 유대인을 심하게 박해하면서인데, 알렉산드르 2세가 암살 당하자 유대인이 그 배후라며 박해가 시작된 것이죠. 유럽 다른 국가의 사정도 마찬가지였어요. 유대인은 유럽 땅을 떠나 미국으로 향하기도 했지만, '과거 우리의 땅으로 돌아가서 우리 나라를 세우겠다'는 시오니즘에 열광한 겁니다.

여기에 서구 열강의 이해타산이 맞물립니다. 오스만제국이 지배하고 있던 이 지역을 영국이 제1차 세계대전 이후 위임해 통치했죠. 그런데 영국은 전쟁 중 여러 세력의 지지를 얻기 위해 유대인에게는 팔레스타인 땅에 유대 국가 건설을 지지하겠다고 하고, 한편에선 팔레스타인에 살던 아랍인에게 독립할 수 있게 해주겠다고 하는 등 모순된 약속을 해버렸답니다. 박해를 피해 팔레스타인으로 오는 유대인은 점점 많아졌고, 나치의 유대인 탄압으로 그 수가 훨씬 높아졌습니다. 상황이 점차 복잡해지자 영국은 제2차 세계대전 중 팔레스타인 지역의 영토를 둘러싼 민족 간 갈등 문제를 유엔에 넘겼어요.

유엔 팔레스타인 특별 위원회에서는 해법으로 두 가지 제안이 나왔어요. 하나는 팔레스타인 지역을 아랍인과 유대인이 살아갈 지역으로 각각 분할하자는 것이었고, 다른 하나는 두 민족을 포함해 연방 국가를 만들자는 것이었는데, 결국 1947년 분할안이 채택되고 이 지역은 둘로 쪼개집니다. 팔레스타인의 56퍼센트를 유대 국가에, 43퍼센트를 아랍 국가에 할당한 것이죠. 1년 뒤인 1948년 5월 14일, 유대인은 이스라엘을 건국합니다. 대대로 이 땅에 살아온 팔레스타인 사람 입장에선 그야말로 날벼락이었죠. 그래서 이스라엘의 건국을 팔레스타인에선 '알나크바', 즉 대재앙이라고 부릅니다.

# #

장벽 안에
갇힌 사람들

이후 두 국가 간에 여러 차례 전쟁이 벌어졌어요. 이스라엘은 전쟁을 벌일 때마다 시나이반도, 골란고원 등을 차지하며 영토를 확장해갔고 그 결과 100만 명이 넘는 팔레스타인 사람이 난민이 됐지요. 팔레스타인 사람이 떠난 지역에 유대인 정착촌을 만들어 이스라엘 사람을 이주시킨 뒤에, 이들을 보호하고 지원한다는 명목으로 군인이 배치돼 있답니다. 반대로 팔레스타인 사람은 강제로 쫓겨나거나 새 집을 짓는 것도 안 됐고, 자유롭게 이동하는 길도 막혔죠. 팔레스타인 사람도 대응을 시작했어요. 1964년 팔레스타인의 독립국가 건설을 위한 팔레스타인해방기구(Palestine Liberation Organization, PLO) 같은 조직을 만들어서 이스라엘에 저항했지요. 이렇게 양측은 수십 년간 끊임없이 대립했어요. 물론 국제 중재를 통해 두 나라가

오슬로 평화 협정 등 여러 협약을 맺고 공존을 약속한 상태이기는 합니다.

평화 협정을 맺었다고 해도 실제 두 국가가 평화롭게 공존하는 건 쉽지 않았어요. 공존이란 함께 잘살아가는 것인데, 함께 있어도 힘겹게 살아가거나 목숨을 잃는 사람이 여전히 많답니다. 왜 그럴까요? 현재 팔레스타인의 땅은 요르단강 서안과 가자 지구로 쪼개져 있습니다. 인구는 약 500만 명, 행정 수도는 서안 지구의 라말라예요. 누군가는 '각 국가가 정해진 영토 안에서 싸우지 않고 적대적 평화 상태를 유지할 수는 없는 걸까?'라는 생각을 할지도 모르겠네요. 그런데 쪼그라든 영토 안에서 살아가는 팔레스타인 사람들은 이스라엘로부터 경제적·군사적인 제약을 받고 그마저도 쉽지 않은 상황입니다.

예를 들어볼까요? 이스라엘은 자신들이 지은 정착촌을 보호하겠다는 명목으로 거대한 콘크리트 분리 장벽을 만들어 세웠어요. 그리고 팔레스타인 사람이 거주 지역 이외의 곳으로 이동할 땐 강력한 검문을 실시하죠. 사실상 팔레스타인 사람은 고립된 상태로 살아가는 셈이에요. 영화 〈크레센도〉에서 텔아비브에서 열리는 오디션에 참여하기 위해 라일라와 오마르가 검문소를 통과하는 장면에서, 이스라엘 군인이 이 경계선을 지키며 통행증을 철저히 감시하고, 팔레스타인 사람을 위압적으로 다루는 모습이 대표적입니다. 장벽은 훨씬 더 첨단화되고 있어요. 철조망과 콘크리트로 이뤄진 분리 장벽에는 CCTV 카메라, 레이더, 땅굴 감지용 센서까지도 설치되고 있다고 해요.

그렇다보니 팔레스타인 사람의 생활 여건은 매우 열악합니다. 다른 나라로 둘러싸인 가자 지구의 경우엔 특히 이스라엘이 강력한 봉쇄 정책을 펴면 극도로 경제 상황이 심각해질 수밖에 없던 것이죠. 2017년부터 2019년 사이 팔레스타인의 GDP(국내총생산) 성장률은 1.3퍼센트로, 인구 성장률인 2.5퍼센트에 미치지 못하는 것으로 나타났어요. 경제 상황뿐만이 아닙니다. 유엔 통계에 따르면 인구 50퍼센트 정도가 18살 이하의 어린이, 청소년임에도 교육 환경과 주거 환경이 좋지 않은데, 마시고 사용할 물을 구하기도 쉽지 않고 전기도 턱없이 부족한 상태입니다. 인구의 38퍼센트가 빈곤 상태이고, 75퍼센트가 구호 물품에 의존하고 있다고 해요. 이동이 엄격하게 제한돼 있다 보니 가자 지구와 이집트의 국경 아래에는 터널이 뚫려 있어서 여러 생필품을 밀반입하고 있다고 해요. 위험천만한 터널을 통과하면서 죽거나 다치는 사람도 많다고 합니다. 더 심각한 문제는 이런 상황에서 그곳의 어린이, 청소년 들이 일자리를 구할 수 없고, 더불어 희망도 잃고 있다는 겁니다. 2020년 팔레스타인의 평균 실업률은 23.4퍼센트, 서안 지구는 15퍼센트, 가자 지구는 43퍼센트에 달합니다.

가자 지구를 향한 실제 공격도 수십 년째 끊임없이 이어지고 있어요. 2008년 이스라엘은 팔레스타인 무장 단체인 하마스의 공격에 대응한다는 명분으로 가자 지구를 공습했습니다. 불과 2달여의 공습으로 팔레스타인 사상자는 6000명이 넘었습니다. 이후에도 가자 지구에서는 크고 작은 충돌이 계속돼왔어요. 2021년에도 양측의 충돌은 계속됐고, 그 사이에서 민간인 피해자, 특히 어린이가 목숨을 잃는 일이 반복되는 안타까운 상황이 벌어지고 있습니다.

음악처럼 공명하며
공존할 수 있을까

이렇게 끝날 것 같지 않은 대립 속에서도 화해와 공존을 시도하는 이들은 있습니다. 영화 〈크레센도〉에서처럼 말이지요. 이 영화에서 소재가 된 팔레스타인과 이스라엘 사람이 함께하는 오케스트라는 실화를 바탕으로 합니다. 국경과 인종, 나이와 성별을 초월해 감동을 선사할 수 있는 음악을 통해 화해를 해보자는 시도는 1999년에 있었습니다. 세계적으로 유명한 피아니스트 겸 지휘자로, 유대인인 다니엘 바렌보임과 팔레스타인 태생 미국 학자이자 사상가 에드워드 사이드가 이스라엘인과 팔레스타인인 등을 포함한 젊은 음악인으로 구성된 오케스트라 '서동시집'을 만들었어요. 이들이 2005년 라말라(요르단강 서안 지역에 있는 팔레스타인 자치정부 임시 행정수도)에서

우린 서로 사랑해요.
집에 돌아가지 않겠어요.

평화 협정을 맺었다고 해도 실제로

두 국가가 평화롭게 공존하는 건 쉽지 않았어요.

가자 지구와 이집트의 국경 아래에는 터널이 뚫려
있어서 여러 생필품을 밀반입하고 있다고 해요.

"사랑은 우리를 강하게 하고,
증오는 우리를 약하게 한다."

연주한 베토벤 교향곡 5번은 세계인의 마음을 울렸죠.

영화 속 오케스트라 단원도 한자리에 모여 합숙을 하며 연습을 힘겹게 이어갑니다. 하지만 끝내 오케스트라 단원은 화해하지 못하고, 연주회를 열지 못합니다. 서로 미워하지 않고 사랑하길 바랐던 오마르와 쉬라가 끝내 비극적 결말을 맞이하는 것처럼 양측이 평화롭게 공존하는 건 쉬운 일이 아니었어요. 실제 '서동시집'의 아름다운 선율 이후에도 이스라엘과 팔레스타인은 여전히 싸우고 있잖아요. 〈크레센도〉 속 지휘자 스포크가 오케스트라를 이끌어달라는 제안을 선뜻 받아들이지 못하는 이유도 음악을 함께한다고 현실이 달라지지 않는다는 걸 알기 때문이 아니었을까요? 나치를 피해 아르헨티나로 갔다가 이스라엘로 돌아온 바렌보임, 그리고 이스라엘이 세워지면서 고향을 등지고 미국으로 간 사이드. 이렇게나 다른 두 사람이 음악만으로 화해할 수 있었을까요? 그렇게 기대했다면 기대 자체가 영화 같은 일일지도 모릅니다.

〈크레센도〉의 마지막 장면은 결국 오케스트라 연주에 성공하지 못한 단원들이 각자의 자리로 되돌아가는 가는 길, 공항에서 작곡가 모리스 라벨의 춤곡, '볼레로'를 연주하는 모습입니다. 이스라엘 출신의 바이올리니스트가 대합실에서 연주를 시작하자 하나둘씩 악기를 집어 들고 그럴싸한 합주가 완성되죠. 하지만 이스라엘과 팔레스타인 단원들 사이엔 '유리벽'이 놓인 채였습니다. 투명하지만 넘을 수 없는 유리벽 말이에요.

오마르와 쉬라는 영상을 남기며 이렇게 말했어요. "사랑은 우리를 강하게 하고, 증오는 우리를 약하게 한다." 증오는 어떻게 해야 사라질 수 있을까요? 음악이 분위기를 부드럽게 만들지는 몰라도 이 문제 자체를 해결할 수는 없을 겁니다. 현실적으로 가능한 해법을 찾는 길은, 냉철히 역사를 돌아보면서 상대를 '쓸어버리고 없애버려야 할 대상'이 아니라 '공존의 대상'으로 인정하는 것에서부터 시작할 수 있을 거예요.

"우린 서로 사랑해요.
집에 돌아가지 않겠어요."

새 해 첫 마 스 터 피 스

엑스맨
더 퍼스트 클래스

쉰들러
리스트

아우슈비츠행
기차에
탄 사람들

쉰들러리스트

스티븐 스필버그 감독 작품

리암 니슨   벤 킹슬리   랄프 파인즈

2019. 01. 24

왼쪽 가슴에 노란 별을 단 소년이 불안한 얼굴로 앞선 사람을 따라 걷습니다. 그 옆엔 먼저 붙잡혀 온 사람들이 비를 맞으며 땅을 파고 있는데, 허름한 줄무늬 옷을 입었고 앙상한 팔에는 죄수처럼 번호가 새겨져있습니다. 이들은 감옥에 갇힌 채 총을 든 군인의 감시를 받으며 가축처럼 무거운 짐을 나르고 있어요. 반항하면 죽음뿐인 이곳은 법도 인권도 없는 1944년 폴란드의 아우슈비츠 유대인 강제 수용소입니다. 아우슈비츠 수용소는 100만 명의 목숨을 앗아간 죽음의 수용소입니다. 소년이 가슴에 단 노란 별은 '다윗의 별'이라고 불리는 유대인 표식입니다. 1940년대 독일은 유대인을 차별하기 위해 이 표식을 달도록 강제했어요.

영화 〈엑스맨〉 시리즈에서 쇠를 자유자재로 움직이는 돌연변이 매그니토는 어린 시절 유대인 수용소로 끌려가 어머니를 잃고 생지옥을 경험합니다. 절규하던 어린 매그니토는 가까스로 살아남아 목적을 위해서라면 아무렇지 않게 폭력을 쓰는 안티히어로(antihero)가 됩니다. 유대인 학살에 가담한 이를 찾아가 잔혹하게 복수하지요. 폭력을 폭력으로 되갚던 매그니토를 돌려세운 건 친구 프로페서 엑스였습니다.

2차 세계대전이 일어난 1939년부터 1945년까지 매그니토의 어머니처럼 유대인이란 이유로 목숨을 잃은 사람은 600만 명에 달합니다. 당시 유럽에 살던 유대인 10명 중 7명이 사망한 셈인데, 거의 몰살되다시피 했지요. 살아남은 유대인 역시 죽음의 문턱에서 서성이다 전쟁이 끝나고 나서야 해방될 수 있었습니다. 살았다는 기쁨도 잠시, 생이별한 가족, 친구가 목숨을 잃었다는 소식에 또다시 큰 슬픔을 감당해야 했지요.

2차 세계대전 당시 독일이 유대인과 집시, 동성애자를 수용소에 가두고 사망에 이르도록 만든 사건을 '홀로코스트'라고 통칭합니다. 고대 그리스어로 '완전히 타버리다'라는 뜻을 지닌 이 단어는 신에게 제사를 지내기 위해 제물을 태우는 행위를 일컫는 표현이었는데, 현대에 이르러 유대인 박해를 뜻하는 말로 더 많이 씁니다. 인류에게 돌이킬 수 없는 상흔을 입힌 홀로코스트는 도대체 왜 벌어졌을까요?

전쟁과 혐오가 낳은 비극, 홀로코스트

홀로코스트가 벌어진 이유를 알기 위해선 1차 세계대전으로 거슬러 올라가야 합니다. 식민지를 건설하며 팽창하던 강대국은 영국·프랑스·러시아·이탈리아·미국 진영과 독일·오스트리아·불가리아·터키 진영으로 편을 나눠 충돌했습니다. 이를 1차 세계대전이라고 부릅니다. 이 전쟁에서 진 독일은 1320억 금마르크(Goldmark)에 달하는 막대한 배상액을 떠안습니다. 독일 정부가 90여 년이 지난 2010년에 이르러서야 배상금과 이자를 모두 청산할 수 있었으니, 그 빚이 얼마나 많았는지 느낄 수 있겠지요.

게다가 전쟁에 진 독일의 화폐는 이미 폭락한 상태였습니다. 1차 세계대전 중에 화폐를 다량 발행하며 전쟁을 치른 탓이었죠. 그리고 물가가 무지막지하게 상승했어요. 독일인은 4여 년간 고통스럽게 1차 세계대전에서 싸웠으나 결과적으로 패했고, 이후 10여 년간 전쟁 빚을 갚았습니다. 하지만 삶은 나아지지 않았지요. 실업률이 높았고, 일자리를 구하더라도 손에 쥘 수 있는 돈은 푼돈이었습니다.

이런 가운데 독일 부흥을 주장하며 인기를 얻은 정치인이 있습니다. 아돌프 히틀러, 홀로코스트를 자행한 인물이지요. 히틀러가 이

끄는 '국가사회주의 독일 노동자당', 일명 '나치당'은 무기력한 독일인에게 그들의 뿌리인 아리아인의 우수성을 강조하며 1932년 총선에서 승리했습니다. 수상에 오른 히틀러는 점점 야심을 드러내요. 헌법을 무시하고 권력을 견제할 다른 기관을 무력화시킨 뒤 독재 정치를 펼치기 시작했죠. 독일인의 자존감을 올리기 위해 다른 인종인 유대인을 열등한 존재라고 선동하기까지 했습니다. 정치적 무관심과 냉소주의에 빠진 독일인들은 나치에 마음을 빼앗깁니다.

히틀러는 영토를 계속 확장해나가면서 독일 부흥이란 환상을 증명시키는 듯했어요. 히틀러는 오스트리아를 병합하고 독일과 오스트리아 중간에 긴 체코슬로바키아까지 넘보았습니다. 체코슬로바키아 국경 지대에 수데텐이란 곳이 있어요. 이 땅은 본래 독일 영토였다가 1차 세계대전 패전 후 체코슬로바키아에 넘어간 곳입니다. 당연히 이곳엔 독일인이 많이 살고 있었어요. 히틀러는 이곳에 사는 독일인을 고국으로 복귀시키겠다고 주장하면서 수데텐 지역을 강제로 빼앗아버립니다. 독일의 확장을 걱정하는 눈빛으로 바라보던 유럽 사회는, 히틀러가 수데텐 지역을 획득하는 대신 다른 침략 행위를 하지 않겠다는 뮌헨 협정을 맺어 독일의 수데텐 합병을 용인했지요. 하지만 히틀러의 야심은 거기서 멈추지 않았어요. 히틀러는 체코슬로바키아를 점령하고 북쪽의 폴란드까지 침략하기에 이릅니다.

가스실로 간 기차 안의 삼 분의 일

1939년 독일이 폴란드를 침공하면서 2차 세계대전이 발발합니다. 나치는 군수물자를 생산하는 강제 노역에 유대인을 동원했어요. 자유를 박탈 당한 채 살인적인 노동 강도를 견디다 죽을 게 뻔한 유대인은 필사적으로 나치 손아귀에서 벗어나려 했습니다. 침대 매트리스에 거꾸로 매달리거나 벽장 뒤에 숨었고, 피아노 뚜껑과 마룻바닥 아래에 몸을 감췄지요. 전 세계 70여 개의 언어로 번역 출간돼 홀로코스트의 참상을 알렸던 《안네의 일기》를 쓴 안네 프랑크는 가족과 함께 교묘하게 책장으로 가린 창고에서 2년간 숨어 살았답니다. 좁은 창고에 안네 가족을 포함해 8명이 숨어 지냈다니 상상할 수 있나요? 사람들은 그곳에 유대인들이 사는지도 몰랐다고 해요. 안네 가족은 대부분의 시간을 숨죽여 지냈고, 화장실 물도 내리지 못했어요. 사람들이 퇴근한 평일 저녁과 주말에만 화장실을 쓸 수 있었답니다. 철저히 은둔했으나 안네 가족은 좁혀오는 나치의 감시를 피하지 못했고, 결국 영화 속 매그니토처럼 아우슈비츠 수용소에 끌려갑니다.

나치는 유대인을 빽빽하게 세운 채로 기차로 실어 동유럽 각지의 수용소로 이송했습니다. 기차엔 먹고 마실 것이 부족했고 화장실이라곤 나무통이 전부였지만, 사람들을 물건처럼 실은 기차는 며칠씩 달려 수용소로 향했어요. 나치는 도착한 유대인을 가축처럼 남성과 여성, 아이로 분류했고, 일할 수 없는 성인과 아이 일부는 도착하자마자 가스실로 보내 대량 학살했어요. 안네와 같은 기차에 탄 1000여 명 중 350여 명을 도착 즉시 가스실로 보냈답니다.

가스실을 면했다고 하더라도 수용소에서의 삶은 추위와 배고픔, 질병과의 싸움이었어요. 안네의 언니인 마고 프랑크는 수용소에서 장티푸스에 걸려 앓다 사망했고, 안네 역시 15살이란 어린 나이에 장티푸스로 숨을 거뒀습니다. 안네의 어머니도 두 딸이 죽고 난 뒤 수용소에서 목숨을 잃었지요. 가족 중 살아남은 이는 아버지뿐이었습니다. 우리가 《안네의 일기》를 읽을 수 있는 건 그가 살아남아 딸의 이야기를 전 세계에 알린 덕이었어요.

'오스카 쉰들러'와
백장미단

비인간적이었던 나치를 멈춰 세우고자 한 독일인은 없었을까요. 미약하지만 있었습니다. 뮌헨대학 학생과 교수는 1943년 '백장미단'

이란 모임을 결성해 반나치 운동을 펼쳤습니다. 지금으로서는 너무 당연한 "유대인도 사람이다!"라고 쓴 전단을 대학에 뿌렸고 평화를 요구했어요. 하지만 이들은 붙잡힌 뒤 나흘 만에 사형 당합니다. '백장미단'은 제대로 된 재판 기회도 얻지 못했다고 해요. 나치에 반기를 든 이들은 독일인일지라도 반인륜적으로 처형 당한 겁니다. 이 사건을 제대로 보도하는 언론도 없었어요. 나치에게 권력을 내어준 독일 사회는 하나의 거대한 수용소가 되어 서로가 서로를 감시하는 엄혹한 곳이었던 겁니다.

한 사람의 독일인이 1100여 명의 유대인을 구한 영화 같은 일도 있었어요. 영화 〈쉰들러 리스트〉의 실제 주인공 오스카 쉰들러는 서슬 퍼런 나치의 감시 속에서도 유대인을 구해냈고, 그 공을 인정받아 유대인으로부터 '정의로운 자'라는 칭호를 받았습니다. 독일인 쉰들러는 폴란드 도시 크라쿠프에서 공장을 운영하는 평범한 사업가였습니다. 처음엔 돈을 더 벌기 위해 임금이 싼 유대인을 고용했던 인물이죠. 하지만 가까이서 유대인의 현실을 본 쉰들러는 나치로부터 이들을 구하기 시작합니다. 모든 유대인을 구할 순 없겠지만 쉰들러는 힘닿는 한 많은 생명을 살리려 노력했어요. 수용소 간부에게 뇌물을 주고 유대인을 빼돌렸고, 가스실의 타깃이 되기 쉬운 여성과 아이를 공장에 꼭 필요한 기술자라 주장하며 구해냈습니다.

영화 제목인 '쉰들러 리스트'는 그가 생명을 구하기 위해 써내려 간 유대인들의 이름이 적힌 목록입니다. 수용소에 갇힌 채 팔에 새겨진 번호로 호명됐던 유대인들을 기억한 쉰들러는 나치에게 명단을 제출하고 유대인들을 구해냈어요. 이름을 기억한다는 건, 누군가를 존중하는 태도에서 나오는 행동입니다. 이스라엘의 국립 홀로코스트 기념관인 '야드 바셈'은 히브리어로 '이름과 기억'이란 뜻입니다. 홀로코스트로 떠난 이들의 이름을 기억하고 이들을 추모한다는 의미이지요. 쉰들러의 행동과 맞닿아있는 이름입니다.

"한 사람의 생명을 구하는 건 온 세상을 구하는 것과 같다." 영화에도 등장하는 유대교 경전 《탈무드》 속 경구입니다. 이 문장처럼 쉰들러가 구한 건 한 사람 한 사람의 목숨이지만, 세상을 구한 것과 다름없는 용기 있는 행동이었어요. 〈쉰들러 리스트〉가 만들어진 1993년 당시 쉰들러가 구한 유대인과 그 후손의 수는 6000명을 넘었습니다. 스티븐 스필버그 감독은 영화 후반부에 다큐멘터리 형식을 빌려와 '쉰들러의 사람들'을 보여주는데, 그 수가 대단히 많아서 화면 속의 넓은 언덕을 가득 메우고도 모자랐어요.

―――――――――― # ――――――――――

끝없이 속죄해야 할 인류의 비극

개인의 선의가 홀로코스트와 같은 비극을 반복하지 않기 위한 근본적인 해결책이 될 수 없다는 걸 우리는 잘 알고 있습니다. 더구나 나치 독일이 저지른 악행은 돌이킬 수도, 용서받을 수도 없는 범죄였어요. 2차 세계대전에서 패한 독일은 동독과 서독으로 쪼개졌고, 선동가 히틀러는 전운이 기울자 스스로 목숨을 끊었습니다. 하지만 그에 의해 희생된 이들은 되살아날 수 없고, 나치가 저지른 범죄는 무엇으로도 갚을 수 없었죠. 전후 독일 사회에는 나치의 역사적 과오가 덧씌워졌습니다. 과연 독일 사회는 이를 어떻게 수습해 갔을까요?

독일이 실천한 답은 '끝없는 반성과 속죄'였습니다. 아우슈비츠를 폐쇄한 지 70년이 지난 지금까지도 독일 지도자들은 유대인에게 머리 숙여 진심 어린 사과를 반복하고 있습니다. 그 시작점은 종전 후 6년 뒤인 1951년에 있었던 콘라트 아데나워 서독 총리의 사죄였습니다. 아데나워 총리는 나치의 전횡을 정확히 인정하고 유대인에게 처음 사죄의 뜻을 전했습니다. 1970년 빌리 브란트 서독 총리가 홀로코스트 추모비 앞에서 무릎을 꿇고 사죄한 사건도 중요한 순간으로 꼽힙니다. 브란트 총리는 폴란드를 방문해 유대인 위령탑 앞에서 비에 젖은 차가운 땅에 무릎을 꿇고 두 손을 모은 채 홀로코스트 희생자를 추모했어요. 세계 언론은 그가 보여준 진정성 있는 사죄를 두고 "무릎을 꿇은 것은 한 사람이었지만 일어선 것은 독일 전체"라고 보도했지요.

독일 '최장수 총리'인 앙겔라 메르켈 역시 나치의 과오를 인정하

아우슈비츠는 1944년 100만 명의 죽음의
수용소입니다.

1939년부터 1945년까지 유대인이란 이유로
목숨을 잃은 사람은 600만 명에 달합니다.

아돌프 히틀러, 홀로코스트를 자행한 인물이지요.

"한 사람의 생명을 구하는 건
온 세상을 구하는 것과 같다."

과거를 외면하지 말고 대면하라. 계속 기억하라.

고 여러 차례 사과했습니다. 메르켈 총리는 재임한 16년 동안 총 8차례 이스라엘을 찾아 사죄했고 홀로코스트 피해자 회복을 돕겠다고 거듭 밝혔어요. 퇴임을 2개월 앞둔 2021년 10월, 총리로서 마지막으로 이스라엘의 야드 바셈 홀로코스트 기념관을 찾은 메르켈은 '영원의 불'을 밝히고 헌화한 뒤 머리를 숙였습니다. 그리고 "이곳을 방문할 때마다 마음 깊은 곳에서 울림을 느낍니다. 여기 새겨진 기록들은 독일의 영원한 책임을 상기시킵니다"라고 연설했습니다. 메르켈 총리는 재임 시절, 독일은 홀로코스트에 '영원한 책임'이 있다고 일관되게 주장했습니다.

역사 앞에서 어느 국가든 크고 작은 실수와 과오를 저지를 수 있습니다. 그중에서도 독일은 인류 역사상 가장 큰 범죄를 저지른 국가였습니다. 하지만 독일 정부는 끝없이 반성하고 피해자 회복을 도왔지요. 그리고 자신들의 과오를 계속해서 기억하기 위해 시민교육을 이어가며 기억하는 역사, 반성하는 역사에 대해 생각할 거리를 만들어주고 있습니다. 80여 년 전 유럽에서 벌어진 홀로코스트는 현대의 우리에게도 여전히 유효한 교훈을 줍니다. 과거를 외면하지 말고 대면하라고, 계속 기억하라고, 특히 과오를 기억하라고 말입니다.

"한 사람의 생명을 구하는 건 온 세상을 구하는 것과 같다."

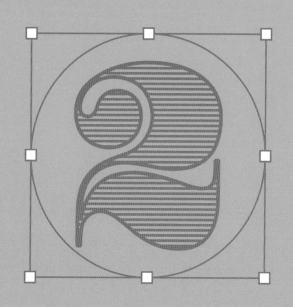

빈곤과 격차

전세계를 감동시킨 특별한 퀴즈쇼

슬럼독
밀리어네어

하루
2300원으로
살아가야
한다면?

인도에서 뭄바이는 금융과 상업의 중심지로 통합니다. 부자들이 가장 많이 모인 곳으로 유명하기도 하죠. 전 세계 여러 도시에 살고 있는 개인의 자산을 합쳐 부자 도시를 꼽아본 통계에서 뭄바이는 총액 9600억 달러, 약 1336조 원 규모로 12위에 오를 정도이지요. 이렇게 돈이 몰리는 뭄바이에 아시아에서 가장 큰 규모의 슬럼, 즉 빈민가가 있다는 걸 아시나요? 바로 다라비 슬럼이 그곳입니다.

영화 〈슬럼독 밀리어네어〉는 다라비 슬럼가에서 살던 한 사람의 이야기입니다. 이곳에서 나고 자란, 지독히도 가난했던 소년 자말이 퀴즈쇼에서 우승해 거액의 상금을 받게 되면서 펼쳐지는 스펙타클하면서도 굴곡진 인생 경험이 영화 내내 펼쳐집니다. 다라비 슬럼가는 도대체 어떤 곳일까요? 그곳을 벗어날 수 있는 방법이 있을까요?

화려한 도시 뒤편,
슬럼이 있다

다라비에서는 사람들이 빽빽하게 모여 삽니다. 2.5제곱킬로미터에 불과한 이곳에 무려 65만 명, 많게는 100만 명까지의 사람이 살아가는 것으로 추산합니다. 좀 더 쉽게 설명하면 서울 여의도 정도의 면적에, 서울 두세 개정도 구의 인구를 합친 수에 육박하는 사람들이 살아간다고 보면 됩니다. 판자를 이어 가까스로 만든 집이 다닥다닥 붙어 있어요. 잠을 잘 공간도, 음식을 만들 공간도 부족합니다. 게다가 주민의 80~90퍼센트 정도는 1500여 개의 공동 화장실을 쓴다고 해요. 영화에서도 이 화장실이 나와요. 사실 화장실이랄 것도 없어요. 밑바닥도 천장도 뻥 뚫려 있는 널빤지로 대강 엮은 칸 안에 주인공이 주저앉아 일을 보고 있자니, 머리 위로는 날아가는 헬리콥터가 고스란히 보이는 지경이니까요. 인구 밀도가 높고 위생 상태가 열악한 상황에서 아이들이 각종 질병에 걸릴 확률도 높습니다. 또 아이들은 생계를 위해 쓰레기 더미를 헤집고 다니며 고물을 줍곤하는데 쓰레기가 썩으며 발생하는 가스, 뾰족하고 날카로운 물건 등 각종 위험에도 쉽게 노출돼 있고요.

유엔은 슬럼을 '거주자가 적당하지 못한 주택과 제대로 된 인프라를 제공받지 못하는 도시 인접 지역 또는 도시의 한 지역'이라고 정의하고 있습니다. 도시 인구가 늘어나면서 사람들이 일자리를 찾아 도시로 몰려들었지만, 그들 중 돈이 없어 집을 구할 수 없는 사람들은 슬럼을 형성했습니다.

세계에는 다라비와 같은 슬럼이 얼마나 될까요? 2000년부터 2014년까지 슬럼에 거주하는 인구 비율은 28퍼센트에서 23퍼센트로 감소했지만 이후엔 좀처럼 줄지 않고 있어요. 2014년과 2018년 사이에 24퍼센트로 다시 늘어났거든요. 인구수로 보자면 전 세계에서 10억 명이 넘는 사람이 슬럼에 삽니다. 지역적으로 보면 동남 및 동아시아 지역에 약 3억7000만 명, 사하라 이남 아프리카 지역에 약 2억3800만 명, 중앙 및 남아시아에 2억2600만 명이 슬럼가에서 생계를 꾸려갑니다. 남아프리카공화국 케이프타운 인근의 칼리처, 케냐 나이로비 주변의 키베라, 파키스탄 카라치 인근의 오랑기 타운, 파벨라라고 불리는 브라질의 빈민촌 등이 규모가 큰 슬럼들입니다.

당장 생존 자체가 힘겨운 것 외에도, 슬럼이 빈곤의 악순환에 빠지기 쉬운 환경이란 것도 문제입니다. 슬럼에서 살아가는 사람들은 안정적인 직업을 바탕으로 고정적인 수입을 얻기 어렵고, 대출 등의 금융 서비스를 받기도 어렵습니다. 재정적인 측면도 그렇지만 식수 등의 문제로 건강이 나빠질 가능성이 높고, 교육받을 기회는 적죠. 살아가기에 최소한으로 필요한 것들을 갖추지 못함에 따라 인권이 보장되지 않는 상황에 이를 수도 있습니다.

# #

음식이 남아도는데도
사람들이 굶어 죽는 이유

인류는 계속 빈곤과 싸워왔어요. 굶지 않는 것이야말로 인류 최대의 목표였지요. 생산성이 비약적으로 증가하는 혁명의 시기마다 빈곤이 획기적으로 줄기는 했습니다만, 여전히 빈곤은 국제 사회의 큰 과제입니다. 유엔은 지금 세대의 필요를 충족시키면서도 미래 세대를 위한 자원을 남겨두자는 취지의 '지속가능한 발전'을 위해 2030년까지 달성해야 할 목표 17개를 세웠고, 이를 지속가능개발목표(Sustainable Development Goals, SDGs)라고 부릅니다. SDGs의 첫 번째 목표가 바로 '모든 곳에서 모든 형태의 빈곤 종식'이에요. 빈곤 퇴치가 21세기인 지금도 인간의 존엄을 유지하기 위한 기본선이며, 아직 달성되지 못한 목표라는 게 여실히 드러납니다.

특히 절대빈곤이라는 개념이 있는데, 세계은행은 절대빈곤의 기준을 하루 1.9달러(약 2300원) 미만으로 생계를 꾸리는 경우로 보고 있어요. 전 세계 인구의 10퍼센트가량에 해당하는 약 7억 명이 여기에 해당한다고 해요. 이런 절대빈곤선 이하의 사람들 5명 중 4명은 농촌 지역에서 살고 있고요, 절반은 어린이라고 합니다. 2019년 발생한 코로나19로 인해 1990년 이후 30년 만에 처음으로 전 세계 빈곤율이 높아질 것이라는 유엔의 관측이 나오기도 했어요. 가난을 벗어나는 사람들도 많지만, 어려운 상황이 닥칠 경우에는 기존 생활 기반이 허약한 취약 계층이 받는 타격은 훨씬 크다는 것을 알 수 있습니다.

기아 통계도 마찬가지입니다. 유엔 식량농업기구와 세계식량계획 등에 따르면 2020년을 기준으로 세계 영양부족 인구가 2019년보다 약 1억6000만 명 증가한 약 8억1000만 명으로 나타났어요. 10명 중 1명은 식량이 부족한 상황이라는 이야기입니다. 전 세계 영양부족 상황 역시 코로나19와 기후변화, 내전 등의 상황으로 인해 최근 더 악화된 것이라고 해요.

그런데 이쯤되니 의문이 듭니다. 왜 전 세계적으로 이전 시대에 비해 식량 생산도, 부도, 자산도 늘어난 것은 분명한데 아직도 절대 빈곤 상태에 처한 사람, 굶는 사람이 계속 생기는 걸까요? 영화에서도 그렇잖아요. 빈민가 넘어 번쩍거리는 고층빌딩 마천루가 멋진 스카이라인을 이룹니다. 자말의 형 살림은 동생을 데리고 빌딩에 올라 아래를 내려다보며 말하죠. "저기가 우리가 뒹굴던 슬럼이야. 이제 딴 세상이 되고 있어. 인도가 세계의 중심이야"라고요. 인도라는 나라가 이렇게 발전하는 동안 빈민의 삶은 왜 나아진 게 없을까요?

어떤 사람은 개인이 무능하고 게을러서 그렇다고 말할지도 모르겠지만, 실상은 그 반대입니다. 1990년대 50개국에서 빈민 4만 명가량을 인터뷰해 작성한 세계은행 보고서를 보면 이런 말이 써 있습니다. "빈곤과 빈민에 대해 더 깊이 분석할수록 그들이 사는 곳에서 모순과 사회적·집단적 특성을 거듭 발견할 수 있었으며, 공통점이 있다는 것도 알 수 있었다. 조지아에서 브라질까지, 나이지리아에서 필리핀까지 숨어있던 주제들이 떠오르기 시작했다. 기아, 박탈, 무력감, 권위의 추락, 사회적 고립, 회복력, 이용 가능한 자원, 연대, 국가의 부정부패, 공무원의 무례함과 성 불평등이 그것들이다." 즉 빈곤은 개인적 이유보다 구조적인 이유가 훨씬 크다는 뜻입니다.

《왜 세계의 가난은 사라지지 않는가》《왜 세계의 절반은 굶주리는가》를 쓴 유엔 인권위원회 식량특별조사관 출신인 장 지글러는 자본주의가 우리를 풍요롭게 해주었고, 부를 창출하는 데 도움을 주었지만 그로 인한 부가 소수에 국한되면서 가난한 사람에게는 돌아가지 않는 시스템이 문제라고 지적합니다. 현재 빈곤과 기아로 힘든 나라를 보면 과거 열강의 식민 지배를 받던 지역의 국가가 많아요. 이들 국가는 정치적으로 안정을 찾지 못하고, 경제 발전도 더디다 보니 빈곤에서 벗어나기 힘든 경우가 많습니다. 학자 중에는 이미 선진국이 된 국가에 이들 국가가 종속되는 경제 구조를 지적한 이도 있어요. 대체로 북반구에 부유한 나라가 위치하고, 가난한 나라는 남쪽의 더운 지역에 위치한다는 의미에서 부유한 나라를 '글로벌 노스(Global North)'라고, 그렇지 못한 나라를 '글로벌 사우스(Global South)'라고 부른답니다.

———————————————— # ————————————————

자말은 슬럼을
벗어날 수 있을까

다시 영화 〈슬럼독 밀리어네어〉로 돌아가봅시다. 자말과 형 살림을 비롯한 빈민가 아이들은 쓰레기를 뒤지고, 좁은 컨테이너에 누워 어떻게든 살아갑니다. 굶고 지친 아이들을 노리는 범죄 조직은 콜라 따위로 아이들의 환심을 산 뒤 구걸을 시키고 심지어는 성매매까지 알선하죠. 노래를 잘하는 아이는 앵벌이 때 사람의 이목을 더 끌 테니 노래를 강요하기도 하고요. 거기에다가 아이의 눈까지 멀어 있다면 더더욱 동정심을 자극할 테니 아이의 신체에 위해를 가하는 데에도 서슴없죠. 이런 곳에서 수많은 '자말'들은 어떻게 하면 행복할 수 있을까요?

당장 이 영화에 등장한 아역 배우들은 대니 보일 감독이 직접 빈민가를 돌아다니며 발굴한 배우라고 해요. 영화가 세계적으로 유명해지며 성공을 거두자 제작진은 아역 배우들의 생계와 교육을 위해 '자이 호(인도어로 '승리하길!'이라는 뜻으로 영화 주제곡 제목이기도 합니다)

재단'을 설립해 장학금을 주기로 했어요. 그런데 이들의 학교 출석률이 저조해 장학금 지급이 중단되는 상황에 처했다는 보도도 나온 바 있지요. 영화의 성공으로 관심이 쏟아졌지만, 아이들이 현재 상황을 단번에 벗어나기는 쉽지 않다는 사실을 보여주는 것 같아 씁쓸하기도 합니다.

그럼 무엇을 해야 할까요? 인도 빈민촌 출신으로 친구와 함께 '슬럼의 목소리(Voice of Slum)'라는 NGO를 설립한 찬드니 칸의 이야기가 힌트가 될 수 있을 것 같습니다. 찬드니는 자신의 과거를 이렇게 회상합니다. "5살 때부터 아빠를 따라 거리를 누비며 마술쇼나 춤, 뱀쇼 공연을 했어요. 아빠가 돌아가시고 7살이 되면서 넝마를 줍는 일로 전업했어요. 쓰레기를 줍다 보면 욕을 먹거나 개에게 물리는 일이 매일같이 일어납니다. 무언가 훔쳤다고 오해를 받아서 감옥에 갇힌 적도 있다니까요. 꽃을 팔다가, 옥수수도 팔았죠. 10살 때까지 연필을 어떻게 잡는지조차 몰랐어요." 연필 잡는 법도 영 몰랐던 찬드니가 활동가가 된 것은 우연히 교육을 받을 수 있는 기회를 얻었기 때문이라고 해요. 바로 이렇게 사다리를 놓는 일, 스스로 무언가를 할 수 있도록 사회적 기반을 만들어주는 일이 빈곤을 줄일 수 있는 효율적인 방법이 아닐까 합니다.

영화에서 자말은 자기 인생 자체를 힌트 삼아 퀴즈쇼에 나온 문제들을 정확히 풀어갑니다. 그럼에도 불구하고 빈민가 출신이라는 이유로 "가난한 청년이 사기를 친 게 아니라면 어떻게 거액의 상금

영화 <슬럼독 밀리어네어>는 인도 다라비
슬럼가에서 살던 한 사람의 이야기입니다.

화려한 도시 뒤편, 슬럼이 있습니다.

인구수로 보자면 전세계에서 10억 명이 넘는
사람들이 슬럼에서 삽니다.

빈곤은 개인적 이유보다 구조적인 이유가
훨씬 큽니다.

스스로 무언가 할 수 있는 사회적 기반을 만들어주는
일이 빈곤을 줄일 수 있는 효율적인 방법이 아닐까요?

이 걸린 퀴즈쇼에서 우승할 수 있겠어?"라는 의심을 받지요. 빈곤하다는 건 경제적 자본만 잃어버린 상태를 의미하는 게 아닙니다. 믿음과 신뢰, 충분한 기회라는 사회적 자본도 잃어버리는 것이죠. 유엔도 빈곤을 단순히 소득이나 경제적 자원이 부족한 상황만으로 정의하지 않았어요. 기아와 영양실조, 교육과 사회 기본 서비스에 대한 접근성 제한, 사회적 불평등이나 의사 결정 과정에서의 소외 등도 모두 빈곤의 개념 안에 있습니다. 이렇게 보니 빈곤에 대처하기 위해 우리가 무엇부터 시작해야 할지 조금 더 또렷해지는 것 같아요. 교육과 사회 기본서비스를 충분히 제공하고 사회적 불평등을 해소하며 의사 결정 과정에 동등하게 참여할 수 있도록 보장해주는 제도적 해결이 필요합니다. 거기서부터 시작해보면 어떨까요?

"진짜 인도를 보고 싶댔죠?
이게 바로 진짜 인도예요!"

설국열차

점점
더 멀어지는
머리 칸과
꼬리 칸

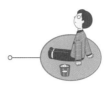

알파벳 'K' 하면 여러분은 무엇이 떠오르나요? 요즘에는 K-팝이나 K-드라마, K-뷰티와 K-푸드 등 세계에 긍정적 이미지로 알려진 한국의 문화와 산업이 먼저 떠오르지요. 그런데 지금 할 이야기는 그와는 조금 다릅니다. K 자가 상징하는, 조금은 불편한 현실에 대해 언급하려고 하거든요. 미국 일간지 〈월 스트리트 저널〉이 한 투자 조사 기관의 보고서를 인용해 보도한 내용인데, 코로나19 이후 미국에서 경기 회복이 K 자 형태로 나타났다는 겁니다. K에서 오른쪽 위로 뻗는 선은 빠르게 경기를 회복하고 있는 그룹을, 오른쪽 아래로 향하는 선은 회복하지 못하고 오히려 수렁에 빠지는 그룹을 나타내죠. 어떤 사람은 코로나19 이전으로, 아니 그보다 더 경제 사정이 나아졌는데, 타격을 크게 입은 집단은 회복은커녕 더 살기 어려워지고 있다는 겁니다. 이대로 계속 가다간 두 선의 간격은 계속 벌어지고 말겠죠.

상위 10퍼센트가 전체 부의
76퍼센트를 차지하는 세상

이제 영화 〈설국열차〉로 가봅시다. 기차가 한 대 달리고 있습니다. 이상 기후로 인해 빙하기가 찾아온 어떤 미래의 지구. 기차의 바깥은 꽁꽁 얼어붙었고, 벌써 17년째 궤도를 돌고 있는 이 기차만이 인류의 유일한 생존 터전입니다. 그런데 이 안에 살고 있는 사람의 삶이 다 똑같진 않은 것 같아요. 꼬리 칸에 탄 사람들은 양갱처럼 검고 물컹거리는 단백질 블록을 배급받아 끼니를 때우는데, 그마저도 양이 줄어들고 있습니다. 반면 앞쪽 머리 칸으로 갈수록 술과 마약까지 즐기는 사람이 즐비합니다. 꼬리 칸과 머리 칸 사이에는 신선한 채소를 기르는 온실, 초밥의 재료를 기르는 수족관이 있고 고기까지 도축해둔 열차 칸이 있어요. 이 재료들이 누구의 입으로 들어가게 될지 여러분도 충분히 상상할 수 있을 겁니다. 어때요? K 자형 그래프와 〈설국열차〉의 머리 칸과 꼬리 칸. 점점 더 벌어지고 있는 계층 간 격차를 이야기한다는 점이 닮아있지 않나요?

우리는 얼마나 불평등한 세계에 살고 있는 걸까요?《21세기 자본》이라는 책으로 유명한 토마 피케티와 같은 경제학자 등이 속한 세계불평등연구소(World Inequality Lab)는 매년 세계의 불평등 상황에 대한 보고서를 발표합니다. 2021년 발표한 〈2022 세계 불평등 보고서〉를 보면 전 세계 인구 가운데 10퍼센트에 해당하는 부자가 세계 전체 부(副)의 76퍼센트를 가지고 있는 반면, 가난한 하위 50퍼센트는 전체 부의 2퍼센트만을 소유하는 것으로 나타났습니다. 즉 가난한 50퍼센트의 사람들은 일인당 평균 4100달러 정도를 가지고 있다면, 상위 10퍼센트는 77만1300달러를 가지고 있다는 겁니다. 무려 188배나 차이가 납니다.

벌어들이는 소득이 불평등한 정도도 그 추세가 비슷합니다. 2021년에 세계 평균 성인은 2만3380달러를 벌었는데, 가장 부유한 10퍼센트는 12만2100달러를 벌었습니다. 가난한 하위 절반은 3920달러를 버는 데 그쳤습니다. 벌어들이는 소득과 가진 자산 모두 불평등하지만 자산 불평등이 훨씬 극심하다는 걸 알 수 있는 통계입니다. 이런 불평등은 전 지구적인 현상으로 한 나라가 부유하거나 가난한 것과는 상관이 없이 거의 모든 국가에서 나타나는 현상입니다. 국민 소득이 높은 국가라고 해도 상대적 불평등이 얼마든지 극심할 수 있다는 이야기죠.

이번엔 국가가 아니라 '개개인'의 부를 기준으로 살펴볼까요? 미국 경제전문지 〈포브스〉는 매년 세계 부자 순위를 발표하는데, 2021년 말 기준으로 1위는 테슬라의 일론 머스크로 재산은 3203억 달러, 약 446조 원에 달합니다. 아마존 설립자 제프 베이조스가 2117억 달러로 2위, 명품 패션 브랜드 LVMH의 베르나르 아르노

회장이 2006억 달러로 3위입니다. 뒤를 이어 마이크로소프트 창업주 빌 게이츠, 오라클 창업주 래리 엘리슨, 구글의 공동 창업주 래리 페이지와 세르게이 브린, 메타(구 페이스북)의 CEO 마크 저커버그 등이 이름을 올리고 있습니다. 바로 이런 세계 부자들 가운데 최상위 1퍼센트는 1990년대 중반 이후 축적한 부가 재산의 38퍼센트를 차지한 반면, 하위 50퍼센트는 같은 기간 재산의 2퍼센트만을 축적했을 뿐입니다.

이 격차는 코로나19 이후 더욱 극심해집니다. 국제빈민구호단체인 옥스팜(Oxford Committee for Famine Relief)은 2021년 79개국 295명의 경제학자를 인터뷰해 〈불평등 바이러스〉라는 보고서를 펴냈는데, 응답자의 87퍼센트가 자국에서 코로나19로 인해 소득 불평등이 심해질 것이라고 답변했어요. 79개국 가운데 77개국에서 이 같은 응답 결과가 나왔대요. 또 전 세계 상위 1000명의 억만장자들이 코로나19의 불확실성 이후 자산을 회복하는 데 9개월 정도가 걸렸는데, 빈곤층의 경우엔 이전 수준으로 재산을 확보하려면 이보다 14배가 더 긴 10년 이상이 걸릴 것이라는 분석도 있어요. 보고서에는 이런 표현도 있습니다. "억만장자 2000명이라는 작은 집단은 자신들의 일생을 천 번 살고도 남을 만큼의 부를 지니고 있다."

불평등의
다양한 모습들

〈설국열차〉를 만든 봉준호 감독은 2019년 영화 〈기생충〉을 선보였는데, 이 영화는 칸 국제영화제 황금종려상에 이어 미국 아카데미 작품상, 감독상, 각본상 등을 휩쓸었어요. 〈기생충〉도 〈설국열차〉와 마찬가지로 빈부 격차를 다룹니다. 2층 집에 사는 부자 가족과 반지하에 사는 기택이네를 자연스럽게 비교하죠. 평온하고 안락한 2층 집 사람들과는 달리 기택이네 반지하에는 비가 오면 물이 차고 벌레가 기어 다닙니다.

감독은 한 인터뷰에서 〈설국열차〉를 만들던 당시 〈기생충〉을 구상했다고 밝혔는데요, 〈설국열차〉의 기차와 같이 멀어지는 수평적 구조의 공간에서도, 〈기생충〉의 집과 계단이라는 수직적 구조의 공간에서도 현대의 불평등 문제가 숨어 있었던 겁니다. 전 세계인이 이 영화에서 다룬 극심해지는 빈부 격차와 불평등이라는 메시지에 공감했기에 권위 있는 상을 휩쓸지 않았을까 싶습니다.

실제 현대의 불평등은 주거 공간을 통해 여실히 드러납니다. 당장 어느 동네 아파트 값이 더 비싸다, 어디가 얼만큼 집값이 올랐다더라 하는 뉴스를 너무도 흔하게 접할 수 있는 것만 봐도 그렇습니다. 쪽방촌이나 보증금이 필요 없이 한 달 치씩 월세를 내고 투숙하는 여관 달 방과 같은, 공간의 이름만으로도 팍팍한 삶이 연상되는 곳들도 있고요.

중국의 사례를 볼까요? 국가가 나서 전 인민이 풍요롭게 살 수 있게 하자는 의미의 '공동부유(共同富裕)'라는 구호를 내걸 만큼 불평등이 심각한 중국에서는 수년 전 소설이나 보도 등을 통해 베이징 고층 건물의 지하에 사는 사람들을 조명한 적이 있었어요. 이들은 이른바 '쥐족(鼠族)'이라 불렸는데, 일거리를 찾아 도시로 올라왔지만 엄청난 임대료를 감당할 수 없어 헐값에 지하실에 숨어 살아야 하는 사람들을 말하죠. 이들이 사는 곳은 엄밀히 말하면 '집'이 아닙니다. 베이징에 냉전 당시 건설된 건물에는 지하에 대피용 방공호가 만들어져 있는데 바로 여기에 싼 값에 머무는 이가 100만 명 가까이 이를 것이라는 보도가 나온 적도 있어요.

공간에 드러난 불평등을 보여준 사례가 또 있습니다. 사진작가 조니 밀러가 하고 있는 '불평등한 장면들'이라고 이름붙인 프로젝트입니다. 하늘 높이 드론을 띄워 세계 여러 곳의 불평등을 사진 한 장으로 보여주는 것이죠. 그가 찍은 남아프리카공화국의 도시 케이프타운의 모습을 설명해볼게요. 공항 주변에 판자촌이 늘어서 있습니다. 중산층이 거주하는 그럴싸한 주택들이 가득한 도시 외곽 동네에 이르기까지 무질서한 집들이 계속 이어지죠. 길 하나를 사이에 두고 한쪽에는 구불구불한 길과 판잣집, 습지가 늘어서 있고, 그 반대쪽에는 잘 정리된 도로와 번듯한 집들이 자리 잡고 있어요. 인도의 최대 경제 도시 뭄바이를 찍은 사진도 마찬가지예요. 어수선한 슬럼가 너머로 보이는 곳에 부유층 거주 지구가 있는데, 네모반듯하고 녹지도 많아요. 밀러는 "어느 나라든 어떤 지역이든 (도시가) 놀랄 만큼의 규칙성을 보여준다는 게 바로 불평등의 구조적 본질"이라며 "이는 자연발생적인 게 아니다"라고 지적했습니다.

\#

불평등의 대가를
치르지 않으려면

앞서 언급한 〈세계 불평등 보고서〉에서도 비슷한 분석이 나옵니다. 규제가 풀리고, 자유가 무분별하게 도입된 특정 지역의 소득과 부의 불평등이 더 심해지고 있다는 것이죠. 보고서는 그래서 불평등은 불가피한 게 아니며, 정치적인 선택이라고 말합니다. 사회적 약자가 도태되는 건 자연의 법칙에 따른 일일지 모르겠지만, 공동체 차원에서는 불평등이 심해지는 현상은 결국 공동체의 경제 전반에 악영향을 끼칠 수밖에 없다는 연구 결과는 이미 많이 나와 있습니다. 많은 국가가 불평등을 방치하기보다 이 문제를 해결하고자 하는 것도 이런 맥락이고요.

그런데 만약 불평등이 구조적인 것이고, 자연발생적이라기보다 사회의 법이나 제도의 틈새에서 비롯된 부작용이라면 우리가 이를 바꾸기 위해 무언가 해볼 여지가 있다는 의미 아닐까요?

많은 사람이 실제 그렇게 움직이고 있습니다. 더 많은 소득과 부가 있는 곳에 더 많은 세금을 매기자는 목소리가 대표적입니다. 누진 제도를 도입해 세금을 거두고, 이로 공동체 전체의 복지를 확보하자는 것이죠. 부동산이나 금융과 같이 일하지 않은 수익에 대한 세금을 더 높이 매겨야 한다는 주장도 있습니다. 아예 일부 부자는 본인들이 나서 증가한 주식 등 자산 가치에 대한 세금, 일명 '부유세'를 더 거두라고 촉구하기도 했어요. 부자든 가난하든 함께 살고 있는 공동체, 사회 시스템이 위기에 처한다면 생존할 수 없다고 생각하는 목소리였죠. 아예 부자에게 세금을 더 걷자는 공약을 내건 정당이 선거에서 승리한 국가도 있습니다.

하지만 부유세에 대한 반발도 만만치 않습니다. 부유세의 대상이 대부분 거대 기업과 기업인 들인데, 막대한 세금을 부여할 경우 혁신을 위한 투자 의지를 가로막을 것이라는 주장부터 재산을 해외로 빼돌리거나 기업과 기업인이 해당 국가를 떠날 것이라는 예측도 나오죠.

〈설국열차〉에서 열차의 2인자 메이슨은 꼬리 칸으로 내려가 꼬리 칸 사람을 향해 이렇게 말합니다. "질서만이 우리를 지킨다. 생명의 열차에서 우리는 각자 미리 지정된 고유의 자리를 지켜야 해. 난

코로나19 이후 미국에서
경기 회복이 K 자 형태로
나타났습니다.

전 세계 인구 가운데 10퍼센트에 해당하는 부자
가 세계 전체 부의 76퍼센트를 가지고 있습니다.

불평등이 점점 커지는 시대,
우리는 이 상황에 어떤 질문을 던질 수 있을까요?

머리에 있고 너희는 발에 있어야 해. 처음부터 표에 자리가 적혀 있어. 성스러운 엔진이 정한 질서는 영원히 변하지 않아." 정말 설국열차를 돌리기 위해 누군가 항상 '머리'가, 또 다른 누군가는 항상 '발'이 되어야만 하는 걸까요? 어쩌면 그 제도와 질서를 너무 당연하게 여기고 있는 건 아닐까요? 불평등이 점점 커지는 시대, 우리는 현재의 질서에 어떤 질문을 던질 수 있을까요? 그리고 어떻게 바꿔 나갈 수 있을까요? 이런 질문을 던지는 것부터 시작해봅시다.

"저게 하도 오래 닫혀 있으니까
이젠 벽처럼 느껴지기도 하는데,
실은 저것도 문이란 말이야."

"영 원 한   작 별 은   없 어 요"

노매드랜드

일거리를
찾아 떠도는
사람들

'어디 사세요?'라는 질문을 받으면 우리는 보통 내가 살고 있는 집의 주소로 대답합니다. 어느 나라, 어느 도시에 살든 한곳에 정해진 '건물'의 위치를 알려주게 되죠. 그런데 영화 〈노매드랜드〉 속 주인공들은 조금 다릅니다. 이들은 레저용 차량이나 캠핑용 트레일러 등을 끌고 다니며 살아갑니다. 일반적 의미의 '집'이 없는 것이죠. 하지만 이들은 말해요. 자신들은 "집이 없는 것(homeless)"이 아니라 "거주지가 없는 것(houseless)"이라고요. 한곳에 정착하지 않고 이동하며 사는 '노마드(nomad, 영화 제목에서는 '노매드'라고 표기)', 즉 떠도는 삶을 선택했다는 겁니다.

주인공 펀을 비롯해 영화에 등장하는 사람들이 길 위의 삶을 선택한 노마드로 살아가기로 한 배경은 저마다 다르고, 삶에 대한 철학도 상이합니다. 하지만 살아가기 위해선 이들도 돈이 필요하고, 이들의 여정에는 돈을 벌 수 있는 일거리와 노동이 빠질 수 없습니다.

사실, 요즘 우리는 일거리를 찾아 헤매고 있습니다. 주변에서 흔히 마주칠 수 있는 배달 노동자, 대리운전 노동자, 가사 노동자 등 플랫폼 노동자를 생각해보세요. 디지털 기술이 빠르게 발전하면서 이들은 요구가 생겨날 때마다 그때그때 고용됩니다. 일자리는 임시직이나 단기 계약직일 수밖에 없죠. 이른바 '긱 경제(Gig economy)'입니다. 이런 노동 방식은 어떻게 보면 일에 사람이 구속되지 않고 이 일을 할지 말지, 한다면 언제, 얼마만큼을 할지 등을 자유롭게 선택할 수 있는 게 장점으로 보이기도 합니다. 반면 고용 자체가 불안정하고 수입이 일정치 않은 일자리라는 걸 부인할 수는 없을 겁니다. 과연 앞으로 우리의 일자리, 우리의 노동은 어떤 모습으로 변할까요?

# #

일감을 찾아
모여드는 사람들

영화에서 펀과 동료들이 일하는 곳은 미국 최대의 전자상거래 기업 아마존의 캠퍼포스(Camper Force)입니다. 아마존은 휴가철, 세일 기간 등과 같이 거래가 폭발적으로 늘고 택배 물량이 증가하는 기간 동안 물류창고 근처에 캠프장을 만들고 시즌에 따라 노동자를 고용하는데, 이 프로그램을 캠퍼포스라고 부릅니다. 노마드들은 이곳에서 머물며 일을 한다고 해요. 아마존과의 계약 기간 동안은 회사가 제공하는 캠프장에 공짜로 머물 수 있는 것이죠.

편도 회사가 비용을 내는 50번 고속도로 근처 캠핑장에 머물며 아마존 물류 창고로 가서 일을 합니다. 캠핑장에 차를 대고 차 안에서 숙식을 해결하고 아침이면 일을 하러 나섭니다. ID카드를 찍고 입장한 곳은 거대한 물류 창고. 관리자가 안전 수칙과 작업 수칙을 공고합니다. 아마존 로고가 박힌 모자와 티셔츠를 입은 사람들이 여럿 보입니다. 이들은 택배 상자에 완충재를 넣고 포장을 하고 테이프를 붙입니다. 점심시간에는 식당에 모여 이야기를 나누며 웃음꽃을 피우기도 합니다. 여느 노동자와 일하는 풍경은 다르지 않아요. 업무를 마치면 다시 캠핑장으로 돌아가 차 안의 작은 공간에서 빨아 널은 옷을 개고, 저녁을 만들어 먹죠.

일이 있는 곳에 가서 일을 하고, 번 만큼의 돈으로 살아가는 삶이 자유로워 보이기도 합니다. 하지만 그런 생활 방식이 결코 녹록하지는 않아요. 당장 아마존과의 계약이 끝나면 캠핑장에 머물기 위해 하루에 375달러(약 50만 원)를 내야 합니다. 일자리가 없다면 쉽게 구할 수 없는 큰돈이죠. 그래서 편은 식당에서 일하기도 하고, 국립 공원에 설치된 캠핑장 관리인으로 일하기도 합니다. 그렇게 돈을 번다고 해도, 살아가기 위해선 그간 모아놓았던 돈마저 털어 넣을 수도 있겠죠.

어떤 사람은 이런 처지에 처한 편과 같은 이들에게 아마존과 같은 일거리라도 있는 게 다행이라고 말할지 모릅니다. 하지만 영화의 원작인 책 《노마드랜드》의 저자 제시카 브루더는 이러한 일자리가 얼마나 열악한지에 대해서도 함께 지적합니다. 그에 따르면 아마존이 '노동 착취' 상태였다는 증언이 각종 언론에서 잇따랐다고 합니다. "창고에서는 실내 온도가 섭씨 37도가 넘는데도 도난을 당할 수 있다는 이유로 관리자들이 적재 구획 문을 열어주지 않았다"는 증언이 나오는가 하면, 회사가 "제품을 옮기고 분류할 때 사용하는, 네트워크로 연결된 스캐너 건으로부터 데이터를 분석해 실시간으로 생산성을 감시"하는 일도 있었다고 합니다. 최근까지도 아마존은 비슷한 논란에 휩싸였습니다. 2021년 12월, 토네이도가 미국 중부를 강타했을 당시 아마존 물류 센터에서 6명이 사망했는데, 회사가 업무 효율을 떨어뜨린다는 등의 이유로 휴대전화 반입을 금지하면서 토네이도 경보 문자를 받지 못해 화를 키웠다는 겁니다.

이렇게 불안정한 노동 환경에 처한 사람들을 영국 런던대학 SOAS 교수 가이 스탠딩은 '프레카리아트(precariat)'라고 불렀습니다. 불안정하다는 뜻의 이탈리아어 '프레카리오(precario)'와 무산 노동계급을 의미하는 독일어 '프롤레타리아트(proletariat)'가 합쳐진 단어로 저숙련, 저임금 노동을 지속하는 계급을 의미하죠. 아마존뿐만이 아닙니다. 국경과 국적을 넘어 대부분의 국가에선 이런 플랫폼 기업이 이미 성업 중입니다.

거대한 구조적 변화 속
앞으로 노동은 어떻게 바뀔까

이쯤 되면 근본적인 의문이 듭니다. 애초 이들이 노마드 생활을 시작한 이유는 무엇이었을까요? 영화에 등장하는 또 다른 노마드 린다 메이의 말에서 힌트를 얻을 수 있습니다. 그는 12살부터 평생 일했고 혼자 두 딸을 키웠죠. 62살이 되었는데, 사회보장연금으로 받을 수 있는 돈은 겨우 매달 550달러(약 75만 원) 정도. 2008년 글로벌 금융 위기 때 밑바닥까지 내려갔다고 해요. 그래서 죽기로 결심했죠. 가스레인지를 틀어놓고 정신을 잃었다고 해요. 다행히 개 두 마리가 그의 목숨을 살렸답니다. 그리고 노마드가 되었습니다. 편은 어떨까요. 편과 남편이 살던 도시는 한 건축자재 기업에 딸린 공장이 돌아가며 지역경제를 지탱하던 곳이었어요. 그런데 2011년 이 기업이 파산한 겁니다. 공장이 문을 닫자 이들 도시의 우편번호가 사라졌다고 해요. 도시 전체가 주저앉은 거죠. 이후 남편이 세상을 뜨자 편은 떠돌기 시작합니다.

두 사람 모두를 관통하는 키워드는 2008년 글로벌 금융 위기예요. 시중의 이율은 낮고 부동산 값이 오르자 은행은 신용 등급이 낮은 사람에 대해서도 서브프라임 모기지(subprime mortgage), 즉 주택담보대출을 해주었는데, 집값이 폭락하면서 거품이 꺼집니다. 대출을 해주던 은행이 파산에 이르고, 전 세계 금융 시장이 휘청거렸습니다. 무리하게 은행에서 돈을 빌려 집을 샀던 사람들도 한순간 빚더미에 앉았습니다. 영화에서는 펀이 직접적으로 이 같은 상황에 문제 제기를 하는 장면이 등장하기도 합니다. 돈을 빌리기 위해 언니 집을 찾아갔을 때 언니와 친구들이 뒷마당에서 이야기를 나누고 있었죠. 한 사람이 "요즘 경기가 좋다. 물가도 오르고 2012년에 부동산으로 큰돈을 벌었다"라고 하자, 펀은 성을 냅니다. "평생 모은 돈에 빚까지 내면서 집 사라고 부추기는 게 이해가 안 된다"라고요. 개인의 삶은 거대한 구조적 변화와 떼어놓을 수 없다는 걸 펀은 잘 알고 있는 것 같습니다.

노동에도 큰 구조적 변화가 일어나고 있습니다. 평생직장 개념은 점점 사라지고 일거리가 있을 때마다 계약을 맺어 운용되는 방식의 긱 경제가 널리 퍼진 데다, 디지털 기술의 발달로 일거리와 노동자를 연결하는 플랫폼이 너무나 다양해졌습니다. 우리는 터치 몇 번으로 앉은 자리에서 음식을 배달시킬 수 있고, 택시를 부를 수 있으며, 가사도우미나 이사, 세탁업체까지 부를 수 있는 세상에 살고 있습니다. 이미 유럽연합에서는 노동자의 11퍼센트가 긱 경제에 종사하고 있고, 미국에서는 30퍼센트 이상이 프리랜서로 활동하고 있다는 통계가 있는 가운데, 2023년까지 긱 경제의 규모가 4550억 달러(약 630조 원)까지 커질 것으로 예측하고 있습니다.

이런 디지털 플랫폼을 제공하는 기업은 스스로를 소비자와 사업자를 이어주는 '연결자'라고 부르죠. 택배기사나 배달라이더, 운전기사 등 플랫폼 노동자들은 노동력을 제공하면서도 법적으로는 '노동자'가 아닌 노동을 파는 '개인사업자'가 되어, 노동자가 받는 법적 보호에서 제외되는 경우가 많습니다. 최저임금을 보장받거나 산업재해가 발생했을 때에 보호받기도 어렵다는 말입니다.

게다가 일감을 얻기 위한 경쟁도 치열하죠. 플랫폼 노동자들이 일감을 배치받는 방식은 플랫폼 기업의 인공지능(AI) 알고리즘에 따릅니다. 사전적으로 알고리즘이란 수학, 컴퓨터, 언어학 등에서 문제를 해결하기 위해 정해진 일련의 절차를 의미합니다. 기업의 활동에서 알고리즘은 비용을 최소화하고, 고객을 빠르게 만족시키는 방향으로 계속 변화하게 마련이겠죠. 배달 앱의 경우라면 주문 지점과 가장 가까운 지점에 있어 재빨리 움직일 수 있는 사람이 일감을 얻는 것은 가장 단순하고도 자명한 알고리즘일 겁니다. 배달 노동자들은 이 알고리즘에 따를 수밖에 없을 거고요. 몇 년 전 언론을 통해 공개된 사진 한 장은 이런 상황을 적나라하게 보여줍니다. 시카고의 아마존 물류센터 앞에 있는 나뭇가지에 스마트폰이 주렁주렁 매달려 있는 장면이었죠. 물류센터에 가까운 배달 기사가 일감을 얻을 가능성이 높다보니 나무에 휴대폰을 달아서라도 '콜'을 받기 위해 경쟁할 수밖에 없다는 겁니다.

특히 일감 배치 기준이 되는 특정한 알고리즘이 있을 텐데 기업

영화 <노매드랜드> 속 주인공들은 차량이나
캠핑용 트레일러 등을 끌고 다니며 살아갑니다.

집이 없는 것(homeless)이 아니라
거주지가 없는 것(houseless)!

노동에도 큰 구조적 변화가 일어나고 있습니다.

한국은 노동자 1만 명당 로봇 수를 의미하는
로봇 밀도가 세계에서 1위라고 합니다.

괴연 앞으로 우리의 일자리,
우리의 노동은 어떤 모습으로 변할까요?

들은 이를 영업 비밀이라고 공개하지 않고 있어요. 반면 이 비공개 알고리즘이 노동자를 끊임없이 평가하고, 다른 노동자와 경쟁하게 만드는 핵심이기에 노동권 보장을 위해 일정 부분 투명한 공개가 필요하다는 의견도 있습니다.

로봇 기술도 노동 시장에 닥친 큰 변화 중 하나랍니다. 이미 자동차, 전자산업 등의 현장에서 로봇이 도입돼 있고, 단순 반복 노동이나 위험한 환경에서의 노동을 수행하고 있어요. 뿐만 아니라 음식을 나르고 심부름을 하는 로봇을 주변에서도 어렵지 않게 찾아볼 수 있지요. 국제로봇연맹의 2021년 보고서에 따르면 한국은 노동자 1만 명당 로봇 수를 의미하는 로봇 밀도가 세계에서 1위라고 합니다. 전 세계의 산업용 로봇은 38만3500대에 이른다고 해요. 일부에서는 로봇이 사람의 일자리를 대체할 것이라고 예측합니다.

역사적으로 디지털 기술이 빠르게 발전하면서 노동은 구조적으로 변화해왔습니다. 산업혁명 이후 러다이트 운동(Luddite Movement, 1811~1817)을 생각해보세요. 섬유를 짜는 방직기가 일자리를 빼앗아간다며 기계를 파괴하던 노동자들의 운동 말입니다. 혁신적 변화 자체가 문제였을까요? 기술 변화에 제대로 적응하지 못하고 기계를 부수던 사람들이 문제였을까요? 둘 다 아닐 겁니다. 새로운 기술 자체는 우리가 어떻게 쓰느냐에 따라 장점과 단점을 모두 지닙니다. 새 기술은 일자리를 만들고 우리 생활을 더욱 편리하게 해주기도 하지만, 그 이면에 소외되는 사람도 존재하죠. 기술 발전의 그림자에 가려 일자리를 잃은 사람들과 커지는 빈부 격차 등을 제대로 예측하고 해결하지 못한 제도와 시스템을 더 살펴야 하는 게 아닐까요? 플랫폼 노동자의 열악한 현실이 드러나고, 노동자로서 보호 요구가 커지면서 이들의 권익을 보장하는 방향으로 법적·제도적 변화가 일어나기 시작한 것처럼요. 기술의 결과를 긍정적인 방향으로 유도하는 것은 언제나 사람의 몫이었으니까요.

"평생 모은 돈에 빚까지 내면서
집 사라고 부추기는 게
이해가 안 돼."

마진콜
24시간, 조작된 진실

국가부도의 날

거품이 터지면
패닉이
시작된다

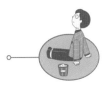

"자네 말은 음악이 멈추기 일보 직전이란 뜻인데, 그렇다면 우리 회사는 자본주의 역사상 최악의 결말을 맞게 되겠군." 세계 금융의 중심가 미국 월 스트리트의 한 투자은행 회의실 안, 긴장이 감돕니다. 젊은 애널리스트 피터에게 주택저당증권(Mortgage Backed Securities, MBS)의 적신호를 보고받은 회장은 금융 시장을 음악에 비유하며 호황이 끝나고 폭락이 시작할 것이라 냉정하게 말하죠. 영화 〈마진콜: 24시간, 조작된 진실〉은 바로 이 시점을 배경으로 합니다.

금융의 호황기는 마치 음악이 흘러나오는 무도회장과 같습니다. 전 세계인이 가벼운 왈츠를 배경으로 춤추듯 주식과 채권을 사고팔며 거래를 이어갑니다. 시장에는 활기가 넘치죠. 투자자가 내다보는 미래 가치는 장밋빛입니다. 그렇다보니 즐겁게 춤을 추는 무도회장에 너도나도 입장하고 싶어 합니다. 당연히 입장료가 필요하지요. 돈이 없다면 돈을 빌려서라도 입장하고픈 곳이 바로 여기입니다.

빚내서 투자를 했다고 해도 음악이 멈추지 않는 한 무도회장은 즐겁습니다. 투자자는 물론 금융 상품을 사고파는 이들도 돈을 벌고, 은행은 수수료와 이자를 챙길 수 있으니까요. 시장이 성장하는 한 상품을 파는 사람, 그것을 사는 사람 그리고 은행까지 모두 행복합니다.

하지만 음악이 영원하지는 않습니다. 금융 상품 가격이 실제 가치와 동떨어질 만큼 부풀려지기도 하거든요. 이를 버블(bubble), 즉 거품이라고 불러요. 이 거품이 터지면 어떤 일이 벌어질까요? 마치 음악이 끝난 듯 모든 것이 끝이 납니다. 거래는 더 이상 이뤄지지 않고 사람들은 춤추기를 멈추고 무도회장을 떠납니다. 손해를 보더라도 가진 걸 팔고 재빨리 이곳을 떠나고 싶어 하죠. 투자자가 사라지니 상품 가격은 당연히 떨어집니다. 미처 손에 쥔 걸 팔지 못한 채 무도회장에 남은 사람들은 패닉에 빠집니다. '위기' 상황입니다. 금융과 부동산 시장이 위기에 빠지면 시장, 더 나아가선 국가 전체가 흔들리기도 합니다. 당연히 투자자와 은행도 마찬가지지요. 금융과 자본이 국경을 자유롭게 넘나드는 이 시대에 위기는 글로벌 차원으로 커지곤 합니다. 영화 〈마진콜〉은 2008년 월 스트리트에 위기가 어떻게 찾아왔고, 어떻게 국제적인 금융 위기로 커졌는지를 차분히 보여줍니다.

한국의 IMF는
어떻게 시작했나

20세기로 시계를 돌려봅시다. 1997년 7월, 태국 화폐 밧화(Baht貨)의 가치가 폭락하는 사건이 벌어졌습니다. 아시아 화폐 가운데 비교적 안정적이라고 평가받던 밧화가 태국의 경제 침체와 맞물려 그동안 지나치게 높이 평가된 것 아니냐는 의구심이 외국 투자자 사이에 퍼져나간 게 시작이었어요. 만약 태국 경제가 지속적으로 성장하지 않는다면 밧화의 가치가 떨어질 것이라고 판단한 외국 투자자들은 태국 시장에서 자금을 급하게 빼냈습니다. 그러자 밧화의 가치는 추락했지요.

이 위기는 아시아 전역으로 퍼져나갔습니다. 1997년 태국과 인도네시아, 말레이시아, 필리핀, 한국에서 외국 투자금이 잇달아 빠져나갔습니다. 이 다섯 국가는 1990년대부터 높은 경제성장률을 기록하며 외국 투자자들에게는 매력적인 투자처로 꼽혀왔습니다. 1996년에만 총 930억 달러가 이들 국가에 투자 유입될 정도였죠. 하지만 1년 뒤인 1997년에는 120억 달러에 이르는 외국 자본이 철수했습니다. 그러자 이들 국가의 화폐 가치는 떨어졌고 주식은 폭락했습니다. 경제 위기가 불어닥쳤죠.

우리나라도 마찬가지 상황이었습니다. 1997년 초부터 한보철강, 삼미그룹 등의 기업이 줄줄이 도산했고 외환 보유고가 줄어들었습니다. 결국 같은 해 12월, 한국 정부는 국제통화기금(IMF)에 구제 금융을 요청합니다. 흔히 부르는 IMF 사태가 터진 거죠.

어떻게 이런 일이 발생한 걸까요? 1990년대 들어 선진국에 기반을 둔 외국 투자자들이 새로운 투자처로 꼽은 아시아에 대거 투자하면서 아시아 국가들의 시장은 이미 과열 상태였습니다. 그야말로 거품이 낀 상태였다는 거죠. 높은 경제성장률을 믿고 경제가 계속 성장할 것이란 낙관적인 분석에 기반해 아시아 은행과 경제 주체 들은 대출과 신용 등의 경제 활동을 이어갔습니다.

영화 〈국가부도의 날〉에는 당시 한국 상황이 잘 나타나 있습니다. 그릇 공장을 운영하는 사업가 갑수는 백화점에 상품을 납품하는 대가로 약속 어음을 건네받습니다. 어음은 일정한 금액을 일정한 날짜와 장소에서 치를 것을 약속하는 증표로, 은행에서 발급합니다. 물건은 미리 주지만, 그에 대한 대가는 미래에 지불하겠다는 약속을 하는 것이죠. 어음 만기일에 백화점이 은행에 돈을 잘 넣으면 갑수에게는 아무런 문제가 없는 일입니다. 당시 한국 기업들은 신용을 담보로 은행에서 대출이나 어음을 받아 회사를 경영하고 사업을 확장했습니다. 대출과 어음은 회사가 떠안는 빚이나 마찬가지지만, 경제는 성장하고 장사도 잘되고 있었기에 큰 문제는 아니었습니다. 그러다 태국발 경제 위기가 닥쳐온 겁니다. 어음을 발급해준 은행의 자금은 말랐고, 어음을 건넨 백화점도 파산했죠. 은행, 백화점에 이어 어음을 받아들고 물건을 내준 갑수네 공장도 도미노처럼 파산할 수밖에 없었습니다.

경제 위기가 잔인한 이유는 갑수와 같은 평범한 사람이 가장 큰 피해를 입기 때문입니다. 한국 정부가 IMF로부터 긴급구조자금을 빌리는 대신 경제 구조를 개선하기로 약속한 후 한국 국민은 고통스러운 시간을 보내야 했습니다. 부실한 기업은 문을 닫았고, 구제 금융의 대가로 강도 높은 구조 조정을 실시하면서 일자리를 잃거나 해고되어 실업자가 된 국민이 늘었습니다. 공적 자금을 주요 기업과 은행을 살리기 위해 투입했지요. 국가의 빚을 갚는 데 도움이 될까 싶어 국민이 나서 '금 모으기 운동'을 벌였고 여기에 350만여 명이 참여했습니다. 공적 자금과 금 모으기 운동과 같이 국민 전체가 희생하고 고통을 분담한 겁니다.

＃

국경을 넘나드는
21세기 금융 위기

다시 영화 〈마진콜〉로 돌아가봅시다. 영화는 2008년 미국 월 스트리트에서 벌어져 전 세계로 퍼진 금융 위기, 이른바 '서브프라임 모기지 사태(subprime mortgage crisis)'를 다루고 있습니다. 앞서 우리는 위기 상황을 알아차린 투자은행 회장이 '음악이 곧 멈출 것'이라고 예견하는 장면을 보았습니다. 위기를 감지한 그는 과연 어떤 결단을 내렸을까요? 위기를 막기 위해 최선을 다했을까요? 위기는 막을 수 없지만 고객의 피해를 최소화하기 위한 조치를 지시했을까요? 그와는 정반대입니다. 곧 가치가 폭락할 금융 상품을 24시간 안에 팔아넘기도록 직원들을 닦달해 자신만 곧 쑥대밭이 될 무도회장을 재빨리 빠져나갑니다. 이웃 은행에, 고객들에게 폭락 가능성을 알리지 않고 상품을 매력적으로 속여 팔아 자신은 위험에서 벗어납니다. 폭탄을 떠넘긴 것과 다름없는 행동이지만 위기가 닥치기 전, 더 많은 MBS를 팔아치우면 인센티브를 주겠다는 말에 직원들도 이 '폭탄 돌리기'에 참여합니다.

문제가 된 MBS는 2000년대 후반 월 스트리트가 개발한 금융 상품입니다. 대개 미국인은 집을 살 때 은행에 돈을 빌리고 이를 20~30년에 걸쳐 갚아나가는 모기지 대출을 이용하는데, 대출금으로 집을 먼저 산 뒤 그 집을 담보로 차근차근 빌린 돈과 이자를 갚아나가는 원리입니다. 많은 이가 모기지 대출을 이용하다보니 어느 때부턴가 미국 은행은 컴퓨터 프로그램을 이용해 사람들의 신용 점수를 표준화하고 손쉽게 대출을 관리했습니다. 은행 입장에선 돈을 갚을 수 있는 사람에게만 대출을 해주는 게 당연했지만, 미국의 저금리 정책으로 부동산 시장이 호황을 이루자 돈을 갚을 능력이 되지 않는 사람에게까지 돈을 빌려주기 시작합니다. 덜 안전하다는 뜻의 수식어, '서브프라임'이 붙은 이른바 '서브프라임 모기지'가 바로 그것입니다. 게다가 은행은 대출 위험을 분산시키기 위해 수천 개의 모기지 대출을 증권과 펀드 등 파생 금융 상품으로 만들어 전 세계에 판매했습니다. 신용 등급이 높은 모기지 대출, 낮은 모기지 대출 등에 대한 권한을 잘게 쪼개고 혼합해 금융 상품을 만들었죠. 이렇게 모기지 대출의 문턱이 낮아지자 집을 사려는 사람이 늘었고 그에 따라 부동산 가격은 또 뛰었습니다. 부동산 시장과 주식 시장 모두에 거품이 생긴 것이죠.

문제는 금융사가 이런 파생 금융 상품들을 부실하게 관리하고 있었다는 겁니다. 한국의 중앙은행인 한국은행과 비슷한 역할을 하는 미 연방준비제도(Federal Reserve System, Fed) 전 총재로서 서브프라임 모기지 사태의 진화를 책임졌고 2022년 노벨 경제학상을 받은 벤 버냉키는 "차입자, 중개인, 대출자, 증권화 중개 기관, 투자자에 이르는 연결 고리가 더욱 길어지면서, 모기지 대출의 품질에 대한 책임은 점점 더 분산되었다"고 당시를 회고했습니다. 이윤을 최대 목적으로 상정하고 금융 상품이 점점 복잡해지면서 상품과 시장이 그물망처럼 얽히게 되었고, 그 결과 하나의 위험이 전체의 위험으로 퍼져 나갈 가능성도 커졌죠. 하지만 이를 전체적으로 총괄하고 책임지는 주체는 없었다는 말입니다.

미국 내 실업률이 올라가고, 모기지 대출을 갚지 못하는 사람이 늘어난 2008년, 월 스트리트가 만들어낸 거품은 결국 터져버립니다. 1997년 한국에서의 상황과 어딘가 비슷하지 않나요? 그로부터 10년 사이 달라진 게 있다면, 세계의 금융과 경제 시스템이 서로 더 복잡하게 얽혀서 금융이 국경을 넘어 다른 국가의 실물 경제에 많은 영향을 준다는 점입니다.

미국에서 시작된 경제 위기는 유럽까지 흔들어 놓았습니다. MBS가 "완전히 증발"할 수도 있다고 판단한 프랑스의 은행은 투자자가 돈을 찾기 위해 은행에 몰려들어 혼란이 일어날 것을 우려하고 현금 인출 자체를 막았습니다. 은행에 돈이 묶인 사람들은 패닉에 빠졌지요. 그리스는 나라 전체가 휘청했습니다. 1997년부터 2007년 사이 공공 부문 임금을 다른 유럽 국가들보다 훨씬 많이 올린 그리스는 2004년 아테네 올림픽을 치르느라 많은 빚을 지고 재정이 튼튼하지 못한 상태에서 서브프라임 모기지 사태를 맞았습니다. 나라의 재정이 바닥나 유럽은행이나 IMF 등으로부터 구제 금융을 받아야 하는 상황에서도, 이미 연간 GDP보다 빚이 더 많은 상태였죠. 이탈리아도 마찬가지였습니다. 1991년 이래 매년 국가 부채가 GDP를 넘어서고, 경제성장률 0퍼센트 대에서 벗어나지 못하는 상황이었습니다. 그리스와 이탈리아는 이후 빚을 짊어지고 경제 위기에서 벗어나기 위해 악전고투 중인데, 코로나19 사태까지 겹치면서 2020년 두 국가의 경제성장률은 마이너스 9퍼센트 대까지 떨어졌습니다.

월 스트리트의 돈 잔치,
누가 와서 막나요

〈마진콜〉 속 피터와 동료들은 금융 시장의 위험을 감지하고 전 세계 경제가 어려움에 처하리란 걸 미리 알아차렸습니다. 하지만 결국 돈을 선택하고 다른 이들에게 위험을 떠넘겼습니다. '도덕적 해이 (moral hazard)'라고 지칭되는 금융권의 이기적인 행태는 서브프라임 모기지 사태 이후 심각한 문제로 떠올랐습니다. 뉴욕 검찰에 따르면, 미국의 대형 은행 9곳은 당시 나라로부터 구제 금융을 받고도 임직원에게 최소 4억 7000만 달러(약 6540억 원)에서 최대 86억 달러 (약 12조 원)에 이르는 보너스를 지급했다고 해요. 위기 상황에서조차 월 스트리트는 돈 잔치를 벌인 것입니다.

"월 스트리트를 점령하라(Occupy Wall Street)." 2011년 뉴욕 시민들은 월 스트리트 인근 공원에 모여 이렇게 외쳤습니다. 많은 부를 차지한 1퍼센트 소수의 탐욕으로 금융 위기가 발생했다고 비판했지요. "나는 99퍼센트다"라고 쓴 손 팻말을 든 사람들은 금융 자본주의의 위험성과 경제적 불평등을 지적했습니다. 메시지에 공감한 미국인들은 워싱턴과 시카고 등 다른 대도시에서 금융가 점령 시위를 벌였고, 다른 나라에서도 비슷한 시위가 일어났어요.

"자네 말은 음악이 멈추기 일보 직전이란 뜻인데, 그렇다면 우리 회사는 자본주의 역사상 최악의 결말을 맞게 되겠군."

금융의 호황기는 마치 음악이 흘러나오는 무도회장과 같습니다.

경제 위기가 잔인한 건 평범한 사람들이 가장 큰 피해를 입기 때문입니다.

← ○ 삼성 역

하-

나는 99퍼센트다!

문제로 지적된 금융 자본주의의 위험성에 어떻게 대처할 수 있을까요? 규제와 감독을 통해 월 스트리트의 탐욕에 브레이크를 거는 일이 필요합니다. 물론 몇몇 시도가 있었습니다. 금융 위기 이후 취임한 버락 오바마 미국 대통령은 2011년 월 스트리트를 감독할 정부 기관인 금융소비자보호국(Bureau of Consumer Financial Protection, CFPB)을 설치했습니다. 금융소비자보호국은 사람들을 꾀어 더 높은 이자의 대출로 유인하는 '모기지 브로커'를 금지했고, 모기지 대출 초반엔 이자를 싸게 부여해 사람들이 쉽게 대출하게끔 유도하는 '티저 금리'도 불법화하며 규제에 팔을 걷어붙였습니다. 월 스트리트는 금융소비자보호국의 규제가 과하다고 각을 세웠지만, 미국의 금융 시장은 전 세계를 동시에 위험에 빠뜨릴 수 있을 만큼 파급력이 크기 때문에 적절한 규제와 감독이 꼭 필요하다는 게 중론입니다.

　금융의 자유는 누구에게나 보장되어야 합니다. 그러나 공동체를 위험에 빠뜨릴 자유가 과연 자유일까요? 시민들이 시위까지 벌이며 욕심 많은 금융 자본주의에 분노한 이유는 더는 경제 위기로 공동체가 위태로워지는 경험을 하고 싶지 않아서일 테지요. 현재 금융 자본주의는 점점 더 복잡하고 고도화되고 있습니다. 그에 발맞춰 정부의 관리·감독 시스템 역시 세심하게 진화해야 합니다. 이윤을 추구하는 경제 활동의 자유에는 책임이 꼭 따른다는 진리를 경제 주체인 금융 기관도, 투자자도, 정부도 망각해서는 안 되겠지요.

"항상 깨어 있는 눈으로 세상을 바라볼 것.
두 번 지기는 싫으니까요."

차별에 반대한다

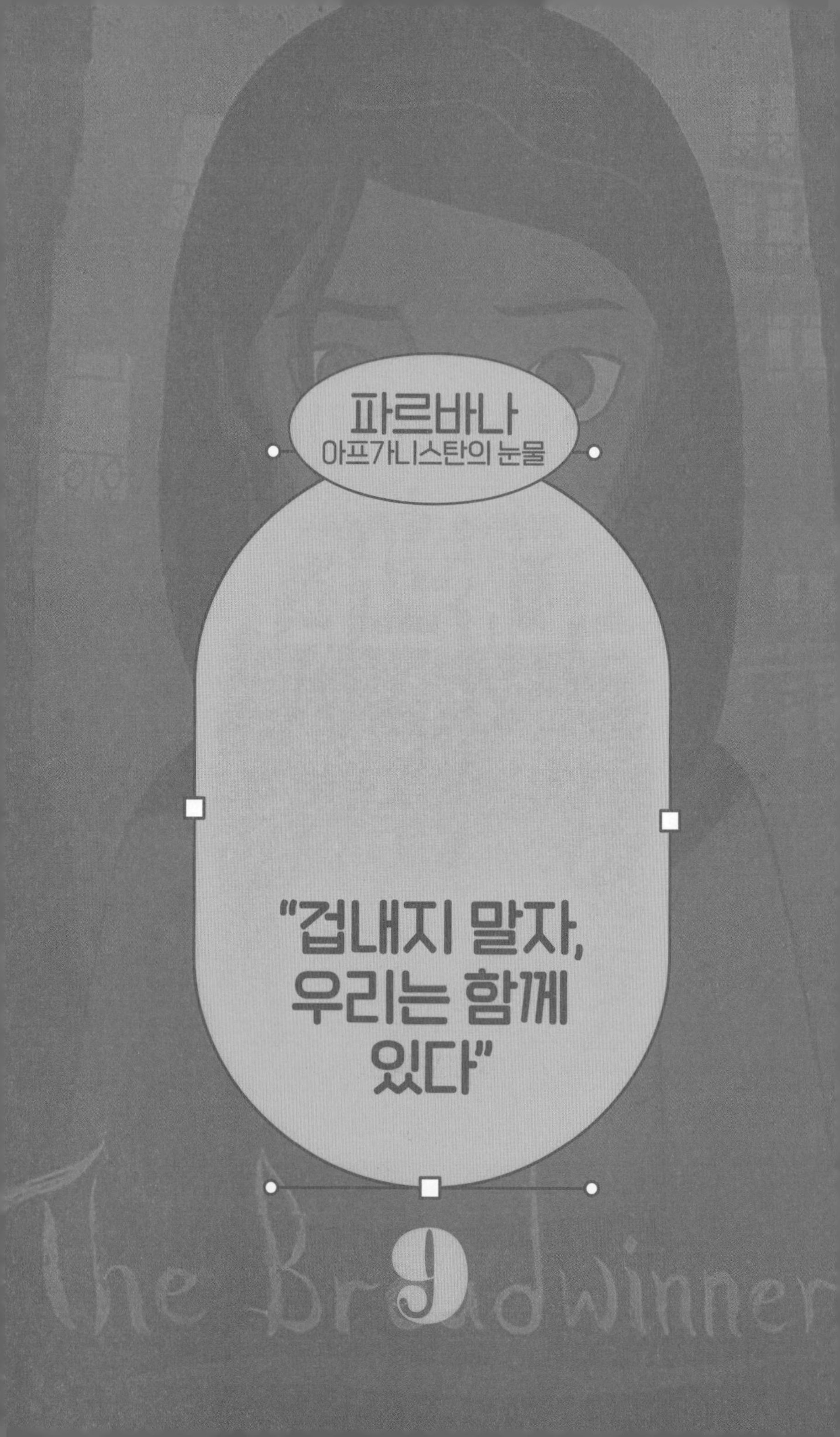

파르바나
아프가니스탄의 눈물

“겁내지 말자, 우리는 함께 있다”

9

"여자가 주변의 관심을 끌잖아!" "여자는 집에 있어야지, 시장에 나올 게 아니라." 비포장도로에 흙먼지가 풀풀 날리는 아프가니스탄의 수도 카불. 아버지와 함께 시장에 나와 글을 모르는 사람들에게 글을 읽고 써주는 대가로 돈을 버는 소녀 파르바나에게 총을 멘 청년이 다가와 위협합니다. 이 청년은 이슬람 원리주의 단체 탈레반 소속 대원이에요. 〈파르바나: 아프가니스탄의 눈물〉은 탈레반이 아프간을 통치했던 1996년부터 2001년을 배경으로 하는 애니메이션 영화입니다. 이 영화는 오프닝 장면에서부터 탈레반의 강압적인 모습을 낱낱이 보여주죠.

파르바나의 아버지는 "아들이라곤 갓난아기밖에 없어서 딸의 도움이 필요하다"라고 항변했습니다. 하지만 탈레반은 다음 날 파르바나의 집에 들이닥칩니다. "금지된 책으로 여성을 가르쳤다"며 꼬투리를 잡더니 아버지를 감옥으로 끌고 가버리죠. 슬픔도 잠시, 남은 가족은 생존을 걱정해야 할 처지입니다.

당시 아프간에선 남성 보호자를 뜻하는 '마흐람' 없이는 여성 홀로 외출할 수 없었기 때문이에요. 아버지나 남편, 아들, 남성 친척과 함께하지 않는다면, 시장에서 먹을 걸 살 수도, 마실 물을 우물에서 길어올 수도 없었습니다. 집 안에 몸을 숨긴 채 남성 친척에게 편지로 도움을 구할 수밖에 없어요. 파르바나는 어머니와 함께 용기를 내어 아버지를 면회하러 가는 길에 마흐람 없이 외출했단 이유로 탈레반에게 맞은 어머니를 부축해 집으로 돌아옵니다. 파르바나는 어린 나이에 아프간 여성이 처한 현실을 직접 겪으며 실상을 똑바로 쳐다보게 돼요.

영리한 파르바나는 그러나, 주저앉아 낙심하지 않습니다. 아직 성인이 되지 않아 부르카 대신 둘러쓴 히잡을 벗고, 긴 머리카락을 가위로 싹둑 자른 뒤 소년으로 변장해요. 어머니와 언니, 옹알이하는 남동생만 남은 파르바나 가족. 가족의 생계를 책임질 사람은 오직 자신뿐이기에 소녀는 용기를 냅니다. 소년의 모습으로 카불시장에서 일하고 식재료를 구해오죠. 마흐람 없이 말입니다. 영화 〈파르바나: 아프가니스탄의 눈물〉의 원제인 'The Breadwinner'는 빵을 얻어오는 자, 가장이란 뜻입니다. 가장이 된 소녀 파르바나를 지칭하는 제목이죠.

인구의 절반인 여성에게
가혹한 탈레반

탈레반은 엄격한 이슬람 율법인 '샤리아'를 강조하며 아프간 국민을 가혹하게 대했습니다. 어느 정도였냐면, 남녀를 불문하고 노래와 영화 감상을 금지했고 춤추는 것을 막았죠. 도둑질한 자의 손목을 잘랐고, 재범인 경우 발을 자르는 처벌을 내렸습니다.

특히 여성에게 적용되는 종교 율법은 엄격했어요. 탈레반은 성인 여성에게 눈 주변을 빼고 머리부터 발끝까지 모두 가리는 여성 의복 부르카를 입도록 강제했어요. 부르카는 여성을 움츠러들게 하는 옷입니다. 부르카를 입으면 시야가 좁아지고, 긴 옷자락에 걸려 넘어지지 않기 위해서 작은 보폭으로 걸어야 하죠.

탈레반은 부르카가 아닌 옷을 입고 외출한 여성을 파르바나의 어머니에게 그랬던 것처럼 몽둥이로 마구 때렸어요. 아프간 여성은 남성과 눈을 마주쳐선 안 됐고, 누군가가 말을 걸어오기 전까지 먼저 말하는 것도 금지됐어요. 공공장소에서 웃다가 적발된 여성은 곤장을 받았습니다. 손톱에 매니큐어를 바르면 손가락이 잘렸고요. 탈레반은 여성에게 대학을 개방하지 않았고, 10대 소녀가 갈 여학교도 폐쇄했어요.

이런 탈레반이 2001년 미군에게 카불을 빼앗기고 흩어집니다. 미국은 9.11 테러를 일으킨 오사마 빈 라덴을 넘겨주지 않는다는 이유로, 탈레반이 집권한 아프간을 침공했어요. 그로부터 20년간 아프간 전쟁이 이어집니다. 미국은 아프간에 친미 정권을 세우고 이곳을 민주화하려고 했으나 쉽지만은 않았어요. 탈레반이 물러난 자리를 차지한 아프간 정부는 무능과 부패로 물들었고, 이에 실망한 청년들이 탈레반 대원으로 다시 가입하기에 이르렀지요. 흩어졌던 탈레반은 다시 세를 규합했습니다. 결국 미국이 명분도 실익도 없는 긴 전쟁에 마침표를 찍고 2021년 8월 31일까지 모두 군을 철수하기로 결정하자, 탈레반은 미군이 다 떠나기도 전인 8월 15일, 카불을 다시 접수했습니다. 아프간 국민에게 폭압적이었던 그 탈레반이 말입니다.

"개방적이고 포용적인 이슬람 정부를 만들겠다." 탈레반은 재집권하며 이렇게 밝혔습니다. 그러나 실상 과거로 회귀하는 모습입니다. 탈레반은 도둑질하면 손을 자르는 형벌을 이미 부활시켰어요. 여학교를 폐쇄한 뒤 다시 열지 않고, 여성에게 부르카를 강요하고 있습니다.

조혼, 매매혼…
'나쁜' 관습들

아프간 여성이 늘 부르카를 착용한 건 아닙니다. 1970년대 아프간 왕국의 '마지막 왕' 자히르 샤가 재위하던 시절엔 여성이 얼굴을 드러내고 미니스커트를 입은 채 거리를 다닐 수 있었죠. 또 아마눌라 칸 국왕 시절인 1920년대와 같이 아프간 여성의 인권이 잠시 높았던 때도 있어요. 아마눌라 칸은 여자아이를 위한 학교를 만들고 조혼을 제한하는 가족법을 만든 것으로 알려져 있습니다. 물론 이 역시 카불의 일부 지식인층에게만 국한된 자유이긴 했지만요.

탈레반의 엄격한 샤리아뿐 아니라, 여성에게 억압적인 일부 전통 문화도 문제로 꼽힙니다. 10대 혹은 그보다 더 어린 소녀가 20~30살 많은 남성과 결혼하는 조혼 풍습은 대표적인 악습이지요. 유엔 인권최고대표사무소가 인용한, 정부기관인 독립인권위원회(AIHRC) 통계에 따르면, 11~15살에 결혼하는 아프간 여성이 57퍼센트에 이릅니다. 16~18살에 결혼하는 비율이 36.4퍼센트, 7~10살에 결혼하는 여성의 비율도 6.6퍼센트에 달하죠. 신랑이 결혼식 때 신부 가족에게 큰돈을 쓰며 신부를 사는 것과 다름없는 매매혼 풍습도 문제입니다. 뿐만 아니라 가정 내 가부장적인 남성 가족은 아프간 여성에게 위협적입니다. 아프간 남부와 동부 시골 지역에는 남성 가족이 죄를 지으면 배상금 대신 어린 딸과 조카를 시집보내는 '바드'라는 제도가 만연한다고 해요.

아프간 태생 할레드 호세이니 작가의 소설 《천 개의 찬란한 태양》은 아프간 전통 속에서 여성들이 살아냈던 모진 삶을 보여줍니다. 주인공 마리암은 태어나자마자 사생아를 뜻하는 '하라미'라고 손가락질받고 평생을 수치심 속에 살아갑니다. 마리암의 아버지는 부유한 사업가로 여러 부인을 거느렸는데, 마리암은 결혼으로 맺어진 자식이 아니라 그 집에서 일하던 요리사와의 사이에서 태어난 딸이었거든요. 가족구성원으로 제대로 인정받지 못했던 마리암은 15살이 되던 해에 아버지에 의해 강제로 40살 구두장이에게 시집 갑니다. 그런 다음 남편의 무차별적인 폭력을 견뎌야 했지요. 마리암은 아이를 낳지 못한다는 이유로 무시받고, 자갈을 입에 문 채로 폭행을 당해 이가 부러지기도 합니다.

\#

굴곡진 아프간의 역사,
그리고 여성들의 이야기

"생각하는 대로 행동하면 저들(탈레반)도 믿어." 파르바나보다 먼저 소년으로 변장하고 카불 시장에서 활약한 경험을 들려주는 소녀가 있습니다. 탈레반에 의해 여학교가 문을 닫기 전, 함께 공부하던 샤우지아입니다. 샤우지아는 바닷가에서 자유롭게 장사하며 살기를 꿈꾸는 씩씩한 소녀예요. 영화 속에는 소년처럼 머리를 자른 파르바나와 샤우지아가 10년 뒤 바닷가에서 만나기로 약속하는 장면이 등장해요.《천 개의 찬란한 태양》의 또 다른 주인공 라일라 역시 친구와 바닷가에 집을 짓고 살기를 꿈꿉니다.

두 작품에서 모두 바다가 '꿈의 장소'로 등장하니 재미있지요? 그건 아프간의 지리적 특수성 때문입니다. 아프간은 아시아 대륙 한가운데에 존재하는 내륙 국가여서 바다가 없어요. 아시아와 중동을 잇는 길목에 있는데, 과거 이곳은 실크로드가 지나가는 요충지였죠. 아프간은 산과 사막에 둘러싸여 있어요. 동북부에는 높은 힌두쿠시 산맥이 자리하고 있고 서남부에는 다쉬테, 레기스탄 사막 등 사막지대가 있습니다.

6개 국가가 아프간을 빙 둘러싸고 있습니다. 아프간 서쪽에는 시아파가 주류인 이슬람국가 이란이, 동쪽에는 수니파가 주류인 이슬람국가 파키스탄이, 북쪽에는 투르크메니스탄과 우즈베키스탄, 타지키스탄이 있습니다. '와칸 회랑'이라 불리는, 동북쪽으로 삐죽 튀어나온 아프간 영토는 중국과도 맞대고 있어요.

이런 지정학적 위치에 영향을 받아 아프간은 오래전부터 외세의 침략을 겪어왔어요. 페르시아(지금의 이란)의 키루스 2세, 마케도

니아의 알렉산더 대왕, 인도의 마우리아 제국, 몽골 칭기즈칸, 오늘날 아프간의 국경을 그었던 영국, 그리고 소련에 이르기까지 수많은 국가가 아프간을 침략했어요. 그럼에도 아프간을 완전히 손에 넣은 나라는 없었습니다. 벌집처럼 동굴이 뚫려 있는 산악 지대가 험한 데다, 아프간인들이 게릴라 전술을 펼치며 저항했기 때문이에요. 강대국으로부터 침략을 여러 번 겪었지만, 나라를 내어주지 않은 아프간은 '강대국의 무덤'이란 별명으로 불렸습니다.

그러나 외세가 물러날 때마다 아프간에는 힘의 공백이 생겼습니다. 아프간 군인들이 권력을 차지하려 서로 싸우며 내전과 같은 상황을 반복했죠. 강대국의 파워 게임이 벌어지는 사이 아프간은 경제적·사회적·문화적으로 충분히 발전할 기회를 번번이 놓쳤고 평범한 사람들은 고통받았습니다. 예를 들어볼까요? 1979년부터 1989년까지 10년간 전쟁 끝에 소련이 아프간에서 후퇴하자, 남부 파슈툰족을 중심으로 한 아프간 무장단체 무자헤딘과 북부 타지크족 중심의 북부 동맹이 오랫동안 싸웠죠. 그 과정에서 많은 청년과 시민이 희생됐습니다. 긴 싸움 끝에 신생 조직이었던 탈레반이 아프간 정권을 잡았으나, 이후 미국-아프가니스탄 전쟁이 발발합니다.

탈레반의 아프가니스탄, 지금도 그곳에서는 여성들이 싸우고 있습니다. 탈레반이 재집권한 지 약 한 달이 지난 2021년 9월, 수도 카불과 남부 지역의 주요 도시 헤라트 등에서 아프간 여성들이 탈레반을 향해 여성 인권을 요구하며 연일 시위를 벌였습니다. "겁내지 말

아프가니스탄을 비롯한 이슬람 국가의 여성은
눈 주변을 제외한 머리부터 발끝까지 어두운 색
옷으로 가려야 해요.

영리한 파르바나는 그 옷을 벗어 던지고, 긴 머리
카락을 가위로 싹둑 자른 뒤 소년으로 변장해요.

탈레반이 재집권한 아프가니스탄, 지금도 그곳
여성들은 싸우고 있습니다.

먼 곳에서나마 아프간 여성들의 자유와
인권을 지지하고 그들에게 연대의 마음을
보냅니다.

자, 우리는 함께 있다!"라고 구호를 외치면서요. 탈레반 정권이 시위대를 강경 진압하는 과정에서 사망자가 나왔지만 여성들은 굽히지 않았습니다. 거리로 뛰쳐나온 여성들은 탈레반을 향해 여성 취업을 허용하고, 정부 조직에 여성을 포함하라고 주장했어요. 탈레반이 집권하자 대통령도 버리고 떠난 아프간을 끝까지 지키겠다고 한 인물이 아프간 최초의 여성 교육부 장관 랑기나 하미디였습니다. 영화 속 파르바나가 친구 샤우지아와 힘을 합치고, 소설《천 개의 찬란한 태양》속 두 주인공 마리암과 라일라가 목숨 걸고 서로를 지킨 것처럼 아프간 여성들은 연대를 이어가고 있어요.

국가마다 여성 인권 상황은 다릅니다. 어떤 나라에서는 국회의원의 절반 가까이가 여성이기도 하고, 또 다른 나라에선 여자아이가 학교를 가기도 힘겹습니다. 그러나 현재 상태가 그들이 마땅히 누려야 할 권리를 의미하진 않습니다. 지금 아프간 여성이 원하는 건 세계 다른 나라의 여성과 똑같이 자유롭게 거리를 다닐 권리, 스스로의 힘으로 일하며 돈을 벌 수 있는 권리, 또 학교에서 배울 권리를 갖는 것입니다. 인간으로서 누구나 누려야 할 보편적인 권리이지요. 누구도 인구의 절반을 영원히 집안에 가둘 수는 없습니다. 쟁취하는 데까지 시간이 걸릴 수도 있겠지만, 아프간 여성의 외침이 계속되고, 국제 사회의 관심이 계속된다면 변화가 일어날 겁니다. 먼 곳에서나마 아프간 여성의 자유와 인권을 지지하고 연대하는 마음을 보냅니다.

"겁내지 말자.
우리는 함께 있다."

두 남 자
두 개 의 세 상

기 대 하 지 않 았 던

그린북

피부색으로
사람을
차별한 이야기

10

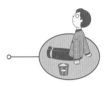

1936년 미국 뉴욕시의 우편배달원인 빅터 휴고 그린이 책 한 권을 펴냅니다. 책 제목은 '흑인 여행자를 위한 그린북'. 원제에는 '흑인'이 아니라 흑인을 모욕적으로 낮춰 부르던 말인 '니그로(negro)'라는 단어를 썼어요. 그린 스스로도 흑인이었는데 말이에요.

흑인 노예는 19세기 말 남북전쟁 이후 해방됐지만, 1930년대라면 여전히 심각한 차별에 노출돼 있었고, 게다가 미국 대륙을 여행하는 흑인이라면 조심해야 할 것이 참 많았답니다. 특히 미국 남부의 여러 주에서는 '짐 크로우법'에 따라 유색인종과 백인은 학교와 공공 기관, 버스나 기차 등의 대중교통은 물론 화장실, 식당 등에서 엄격하게 분리돼 시설을 이용해야 했어요. 짐 크로우는 당시 뮤지컬 〈민스트럴〉 등에 등장하는 흑인 캐릭터로, 백인이 흑인으로 분장해 우스꽝스러운 행동을 하면서 흑인을 희화화했어요. 이 법의 취지가 '분리됐지만 평등하다'라지만 피부색에 따라 공공연한 차별을 합법

화한 셈이나 마찬가지였죠. 흑인을 단순히 분리한 것이 아니라 투표권을 온전하게 주지 않았고, 주거나 금융 정책에서도 불평등한 위치에 놓았습니다. 이런 상황이었으니 흑인이 이용할 수 있는 식당이나 호텔 등이 어디인지를 자세히 소개한 그린북은 상당히 실용적인, 그러면서도 불합리한 현실을 고스란히 반영한 책이었죠.

# #

불평등한 현실,
그에 대한 저항

영화 〈그린북〉의 배경은 여전히 이 '그린북'이 유용하던 1962년입니다. 흑인 천재 피아니스트 돈 셜리 박사와 이탈리아 이민자 출신의 백인 운전사 토니 발레롱가가 함께 미국 남부로 콘서트 투어를 떠나게 되는데, 투어 과정에서 생기는 여러 인종차별적인 에피소드들이 영화를 가득 채웁니다. 하늘이 내린 천재 피아니스트라고 추앙받는 재능을 가진 돈 셜리 박사조차 흑인을 상대로 가해지는 각종 차별에는 속수무책이죠. 공연에서 연주를 맡은 주인공이지만, 공연이 열리는 레스토랑에서는 "유색인종은 출입금지"라고 그를 막아서고, 그 안에서 식사를 할 수 없습니다. 무대 위에선 스포트라이트를 받으며 백인 청중을 대상으로 우아하게 피아노 건반을 치며 클래식을 연주하지만, 무대 아래에선 백인이 쓰는 화장실을 함께 쓰지 못하고 화장실을 가기 위해 차를 몰아 자신의 숙소로 돌아와야 하는 처지입니다.

처음엔 뚜렷한 이유는 없지만 흑인에게 반감을 지니고 셜리 박사에 대해서도 경계심을 늦추지 않던 토니조차 박사가 처한 현실을 함께 겪으며 분노합니다. 자신이 그런 상황에 처했다면 차별을 한 사람을 가만두지 않았을 거라며 화를 내고, 흑인을 무시하는 행동을 한 백인을 때리기도 하죠. 자신의 일이 아니기에 무심했던 사람도 한 걸음만 더 들어가 차별의 실태를 보고 나면 참을 수 없을 만큼, 인종차별이 그만큼 심각했다는 이야기일 겁니다.

인종차별은 이렇게 인종이나 민족을 하나의 정체성을 가진 집단으로 보고, 특정 인종을 이유로 해당 집단을 부당하게 대우하는 것을 말합니다. 인류 역사에서 가장 오래되고 심각한 차별이 바로 돈 셜리 박사가 당해온 흑인에 대한 차별이죠. 짐 크로우법 아래에서 흑인에 대한 차별은 〈그린북〉의 배경이 된 1960년대까지도 이어졌어요.

흑인은 그에 맞서 민권 운동(Civil Rights Movement)을 펼칩니다. 이 운동을 촉발한 사람은 로자 파크스였어요. 1955년 미국 앨라배마주 몽고메리에서 파크스가 백인 승객에게 자리를 양보하라는 버스 기사의 요구를 거부했고, 결국 경찰이 파크스를 체포하는 일이 있었어요. 이 사건으로 몽고메리 버스 보이콧(Boycott, 사회·정치적 이유에서 비롯한 항의의 표현)이 시작되었어요. 사실 파크스보다 몇 달 앞서 15살 소녀 클로뎃 콜빈도 비슷한 저항을 했다고 해요. 그만큼 흑인의 분노가 가득 차 있었는데 파크스가 여기에 불을 댕긴 것이었죠. "나에게는 꿈이 있습니다"라는 연설로 유명한 마틴 루서 킹 목사도 대표적인 민권 운동가입니다. 킹 목사는 몽고메리 버스 보이콧을 주도했고, 이후 식당과 학교 등지에서 분리 정책을 반대하는 대규모 시위를 조직하고 이끌었어요. 1963년 수도 워싱턴 D.C까지 약 25만 명이 참여한 대행진이 벌어졌는데, 흑인 민권 운동 사상 전국적으로 이렇게 대규모 시위는 최초였다고 합니다.

아프리카 대륙 끝 남아프리카공화국에서도 극단적인 인종분리 정책이 실시된 바 있습니다. 유럽의 식민 지배를 거치며 소수 백인이 다수 흑인을 지배해왔고 1940년대 이후 흑인에 대한 강력한 분리 및 탄압 정책인 '아파르트헤이트'를 채택했습니다. 여기에 저항하는 정치 조직을 이끈 지도자가 넬슨 만델라였어요. 넬슨 만델라는 남아공 최초의 흑인 변호사 사무실을 열어 흑인을 변호하고, 아파르트헤이트에 맞섰습니다. 지속적인 저항 운동으로 1962년부터 수감된 이후 28년 가까이를 감옥에서 보냈죠. 투옥 중에도 만델라는 흑인 인권을 위한 활동을 멈추지 않았고 세계적 지지를 얻어내 결국 1990년 자유의 몸이 되었습니다. 노벨평화상을 수상한 만델라는 1994년 인종차별이 철폐된 최초의 평등선거를 통해 남아공 최초의 흑인 대통령이 되었죠.

아직도 여전한
차별

2005년 키리 데이비스 감독이 내놓은 7분짜리 다큐멘터리에는 이런 장면이 등장합니다. 흑인 아이들에게 피부색이 다른 두 인형을 보여주며 어떤 인형이 가장 좋은지, 어떤 인형과 놀고 싶은지를 물어보고 반응을 살펴보았죠. 어린이 21명 가운데 15명이 하얀 피부의 인형을 고릅니다. 흰 피부는 아름답고 좋은 것으로, 어두운 색의 피부는 추하고 나쁜 것으로 연관시키는 문화적 영향 때문이라고 다큐멘터리는 그 이유를 분석합니다.

그로부터 약 60여 년 전인 1947년 심리학자 케네스 클라크와 마미 클라크 부부가 똑같은 실험을 한 적이 있습니다. 이른바 '인형 테스트'였죠. 피부색과 머리카락 색만 다르고, 나머지는 모두 똑같은 두 인형을 보여준 뒤 어떤 인형이 더 좋은지를 묻는 그 방식도 똑같았죠. 당시 흑인 아이들 대다수도 백인 인형을 선택했어요. 흑인이면서도 백인이 더 좋다고 대답하는 이 정체성 갈등 현상은 수십 년이 지난 21세기에도 별다른 차이가 없었던 겁니다.

흑인들이 시작한 민권 운동에 국민적 지지가 보태지며 인종차별을 금지하는 민권법이 1964년 통과되고 이듬해에는 흑백분리정책이 위헌이라는 판결이 나왔지만 사회적으로 흑인에 대한 차별은 매우 뿌리 깊었습니다. 민권법 이후 수십 년이 지났음에도 불구하고 차별을 넘어 흑인들이 '백인' 경찰이나 방범대원 등에 의해 생명을 잃는 지경에 이르자, 2013년 '흑인의 생명도 소중하다(Black Lives Matter, BLM)'는 운동이 일어나기 시작합니다. 백인으로 상징되는 공권력이 흑인을 과잉 진압하는 것에 항의해온 이 운동은 2020년 비무장 상태의 흑인 남성 조지 플로이드가 미네소타주에서 경찰의 진압 과정 중 사망하는 일이 벌어지며 전 세계적으로 퍼져나갔습니다. 특히 이 과정에서 경찰이 무릎으로 플로이드의 목을 누르자 "숨 쉴 수 없다" "죽이지 마라"고 애원했다는 사실이 많은 사람의 분노를 자아냈고 항의 시위가 미국 전체로 퍼져나갔죠.

이런 시위대의 분노는 단순히 경찰의 과잉진압에 대한 항의라기보다는 수십 년간 쌓아온 구조적·제도적 차별이 또다시 폭발한 것이라는 분석이 설득력을 얻었습니다. 실제 〈워싱턴포스트〉의 보도에 따르면 미국 연방준비제도(Fed)가 3년마다 실시하는 소비자금융조사(Survey of Consumer Finances)에서, 1968년 흑인 중산층 가구는 6674달러의 재산을 갖고 있었던 반면 백인 중산층 가구의 재산은 7만786달러였다고 해요. 이보다 약 50년 뒤인 2016년을 기준으로 흑인 가구는 1만3024달러, 백인 가구는 14만9703달러로 재산이 늘어난 폭도 백인 가구가 더 컸고, 그에 따라 격차도 더 벌어졌습니다. 특히 코로나19로 인해 흑인을 비롯한 소수인종이 받는 타격이 더 크다는 점도 여러 통계를 통해 알려지기도 했죠.

#

우리는
다른가요

인종차별은 다른 나라 이야기 같나요? 하지만 이미 우리 주위에는 다양한 국가에서 여러 이유로 한국에 들어온 이주민이 살고 있어요. 국경을 넘어 고국이 아닌 타국에서 사는 이들은 피부색도, 종교도, 문화도 모두 다르지만 인간은 모두 존엄하며 다르다는 이유로 차별받지 않아야 합니다. 하지만 우리도 여기에서 마냥 자유롭진 못한 것 같습니다. 넷플릭스 드라마 〈오징어 게임〉에 출연했던 필리핀 배우는 한 유튜브 채널에 나와 우리나라 마을버스에서 한 여성으로부터 양배추로 맞았다는 경험을 이야기하면서, 당시 버스 안의 다른 승객들이 이 일에 관심을 가지지 않았다며 이를 인종차별이라고 소개했습니다.

이 배우의 말은 하나의 주관적인 경험이라고 치더라도, 이주민 10명 중 7명은 한국에 인종차별이 존재한다고 응답했다는 국가인권위원회 보고서의 조사 결과를 보면 우리 사회에서도 인종차별이 엄연히 존재한다는 걸 알 수 있습니다. 이 조사에 따르면 한국에서

1936년 미국 뉴욕시의 우편배달원인 빅터 휴고 그린이 책 한 권을 펴냅니다.

영화 <그린북>의 배경은 여전히 이 '그린북'이 유용하던 1962년입니다.

인류 역사에서 가장 오래되고 심각한 차별이 돈 셜리 박사가 당해온 흑인에 대한 차별이죠.

우리는 언제든 영화 속 셜리 박사와 같은 위치에 처할 수 있습니다.

흑인들은 굴복하지 않고 민권 운동을 펼칩니다. 이 운동을 촉발한 사람은 로자 파크스였어요.

로자 파크스 (1913~2005)

이주민은 피부색이나 종교보다는 한국어 능력이나 말투, 출신국 등을 이유로 차별받는다고 응답했습니다. 이는 미국을 비롯한 서구에서 만연한 피부색에 따른 차별 또는 종교에 의한 차별과는 다른 양상으로, '한국인이 아니라서', 혹은 '한국어를 못해서 차별을 받는다'고 느낀다는 것이지요. 인권위는 한국 사회의 이런 인종차별이 "'한국인 중심주의' 또는 '한국 우월주의'에 기반해 (이주민의) 출신 국가의 경제적 수준에 따라 위계를 나누고 이들을 무시하는 양상으로 드러난다"고 지적했습니다.

"놀이터에 가서 놀면 중국 애들이랑 놀지 말라고. 엄마 중국 사람이니까. 엄마가 애들한테 그렇게 얘기하는 거예요." "내가 가면 '난민 왔어!'라고 큰 소리를 지릅니다. 내가 오면 막 '큭큭큭' 하면서 웃어요." "택시는 외국인을 안 태워줘요. 우리 엄마를 안 태워줬어요. 진짜 저 기분 나빴어요." 이주민이 응답한 차별의 경험입니다.

꼭 인종이나 문화적 특징에 따른 차별이 아니더라도 이주민이 일자리를 빼앗아가고, 이들로 인해 범죄가 늘어난다는 식의 확인되지 않은 정보에 근거한 주장이 이주민을 향한 차별의 근간이 된다는 점에서 주의할 필요가 있습니다. 한국인이 회피하는 저임금·고강도 노동 일터에서 나타나고 있는 인력난을 해소하기 위해서라도 이주 노동자에 대한 수요가 늘고 있는 상황이고, 이렇게 유입된 외국인의 인구 구성 비율을 고려해볼 때 특별히 외국인의 강력 범죄 비중이 높다고 말하기 어렵다는 분석도 있습니다.

국경을 쉽게 넘나들며, 다양한 문화가 뒤섞이는 이 시대에 그저 피부색이 다르고, 쓰는 언어가 다르고, 다른 나라에서 왔다는 이유만으로 차별이 정당화된다면, 우리도 언제든 차별 당하는 처지에 놓일 수 있다는 사실을 기억해야 해요. 영화 속 셜리 박사의 상황이 나의 이야기가 되지 말라는 법은 없으니까요. 그런데 만약 차별의 피해자가 바로 나라면 어떨까요? 그때 주위에서 누군가 토니처럼 함께 저항해주고 친구가 되어준다면 더없이 든든하겠죠. 토니도 처음엔 쉽지 않았어요. 흑인이라고 하니 괜히 무서웠고 어려웠거든요. 그렇지만 피부색 이외엔 아무것도 다르지 않다는 걸, 똑같은 사람이라는 걸 알게 되면서 마음을 열게 된 거잖아요. 끊임없이 우리 안에 성별, 연령, 인종, 종교, 장애, 성정체성, 성적 지향, 사상 등을 이유로 한 차별 의식이 없었는지 되돌아보는 것이 중요합니다. 그런데 이런 마음가짐과 선의에서 그쳐서는 안돼요. 개인적인 차원의 노력을 넘어 차별이 되풀이되는 체계를 제도적·법적으로 고쳐나가는 일도 계속 이어가야 할 겁니다.

COMING SOON

"충분히 백인답지도 않고,
충분히 흑인답지도 않고,
충분히 남자답지도 않다면
그럼 난 뭐죠?"

밤쉘
세상을 바꾼 폭탄선언

세상을
뒤흔든
피해자들의
목소리

11

"그의 눈에서 피가 나왔다. 어딘가에서도 피가 나왔을 거다." 이 말은 2015년 8월, 미국 공화당 경선 후보 TV토론회 이후 도널드 트럼프 당시 후보가 토론 진행자였던 폭스 뉴스 앵커 메긴 켈리에게 한 말입니다. 이 토론회에서 켈리는 트럼프가 과거 했던 여성 비하 발언에 대해 질문을 쏟아내며 강하게 트럼프를 몰아 붙였는데, 트럼프 후보는 켈리가 생리로 인해 민감해져 자신을 공격했다며 비꼰 것이죠. 한 나라의 대통령이 되겠다고 나선 사람이 한 말이라고 믿기 힘든, 여성 비하 표현을 스스럼없이 내뱉는 이 상황에 다들 충격을 받았죠.

"누군가는 목소리를 내야 해, 분노해야 해."

실화를 바탕으로 한 영화 〈밤쉘: 세상을 바꾼 폭탄선언〉은 앵커 메긴 켈리를 비롯해 진행자 그레첸 칼슨 등, 폭스 뉴스 회장 로저 에일스로부터 직장 내 성희롱을 당한 여성 직원들의 고군분투기가 그려집니다. 2016년 해고된 칼슨은 에일스를 성희롱 혐의로 고소합니다. 그간 참아왔던 에일스의 성희롱적인 언사를 고소하면서 칼슨은 말합니다. "누군가는 목소리를 내야 합니다. 누군가는 분노해야 하는 겁니다"라고요. 영화 제목 그대로 폭탄선언을 한 거예요. 중년의 나이에 해고된 칼슨이 앞서 나서지만 에일스의 만행에 대한 피해자와 목격자 들은 몸을 사립니다. 두려웠거든요. 당연합니다. 에일스는 내 밥벌이를, 내 평판을 좌지우지하는 사람이니까요. 구조와 위계 속에서 피해를 당하고도 말하기가 쉽지 않습니다.

게다가 피해자인 여성들에게는 왜 그때 말하지 않았느냐, 피해를 당하고도 일상생활을 하지 않았느냐는 '피해자다움'을 강요하는 질책까지 뒤따릅니다. 트럼프에게 당당하게 맞서던 앵커 켈리마저도 영화에서 이렇게 말하는 것으로 그려집니다. "(피해 신고를 위한) 익명 핫라인은 계약상 다 모니터 된다고. 이건 여성들에게 '가서 얼른 사실을 말하세요. 월급을 결정하는 사람을 변태라고 불러보세요'라고 말하는 것과 같잖아. 진짜 말도 안 돼. 여자들이 바보야? 이건 누가 네 옷을 벗겼는데 그걸 증명하라면서 나체로 사무실을 걸어보란 소리잖아."

하지만 현실적인 어려움 속에서도 여성들은 포기하지 않았습니다. 결국 에일스는 칼슨에 이어 켈리 등 용기를 낸 직원 7명에게 성희롱 혐의로 고소를 당했고 회장 자리에서 물러나 합의금을 물어야 했죠. 2017년 할리우드 영화제작자 하비 와인스타인이 배우 기네스 펠트로 등 수십 명의 여성을 상대로 수십 년간에 걸쳐 부적절한 성적 행위를 저질렀다는 사실이 알려지며 성희롱, 성폭력 고발 운동인 미투(me too) 운동이 소셜 미디어를 타고 전 세계에서 대대적으로 벌어졌는데, 이에 앞서 목소리를 내왔던 여성들은 계속 존재했던 겁니다.

실제 미투 운동은 2006년 미국의 사회 운동가 타라나 버크가 시작했어요. 성폭력 피해자 커뮤니티를 만드는 것에 방점이 찍힌 운동이었죠. 그러다 생존자를 넘어 각계각층에서 수백만 명이 "나도 피해자"라며 해시태그를 달고 '미투'를 외치기 시작했어요. 이들은 자신이 겪은 여성 혐오와 성폭행, 추행 등의 경험을 용기 내어 털어놓기 시작한 거죠. 그 목소리가 한국을 비롯해 전 세계에서 터져 나왔습니다.

목숨까지 위협하는
차별과 혐오

숨죽이던 여성 피해자들이 미투 운동으로 자신의 현실을 고발한 것은 곪았던 것이 터져 나온 일일뿐입니다. 일터의 상사와 동료로부터, 가정의 배우자로부터, 사회의 전혀 모르는 사람으로부터 폭력과 차별에 노출돼 온 여성들이 피해자를 양산하는 잘못된 법과 제도를 바꾸고, 가해자를 엄벌하라고 요구하며 나섰습니다. 도대체 상황은 얼마나 심각할까요?

유엔 여성기구(UN Women)에 따르면 전 세계 여성의 삼 분의 일은 일생에 한 번 이상 신체적 혹은 성적 폭력을 경험하는 것으로 나타났습니다. 이들에 대한 폭력은 대부분 아주 가까운 배우자 등 파트너에 의한 것이었다고 해요. 2018년을 기준으로 인신매매 피해자 10명 중 5명이 성인 여성, 2명은 소녀였다고 하고요. 성 착취를 위한 인신매매 피해자의 92퍼센트가 여성이라는 통계도 있다고 해요.

폭력이 아예 죽음을 부르는 경우도 많습니다. 2017년 살해된 여성 8만 7000명 가운데 절반 이상인 5만 명가량이 파트너나 가족 또는 가까운 파트너에 의해 살해되는 것으로 나타났습니다. 매일 여성 137명이 그렇게 목숨을 잃는다는 얘기입니다. 2021년 유엔의 세계 여성폭력추방의날, 전 세계에서는 남성에 의한 여성 살해를 의미하는 페미사이드(femicide, 여성Female과 살해Homicide를 합친 말) 반대 시위가 스페인, 멕시코, 터키 등 세계 여러 곳에서 열리기도 했죠.

여성은 온라인상에서도 폭력에 자주 노출됩니다. 성적인 메시지가 담긴 이메일이나 휴대전화 메시지를 받고, 소셜 미디어에서 공격을 당한 적이 있는 여성은 유럽연합의 경우 10명 중 1명이었고요, 대부분이 18살에서 29살 사이의 여성이었다고 합니다. 미국에선 이 연령의 여성 10명 중 2명이 온라인에서 성희롱을 당했고, 파키스탄의 경우 10명 중 4명이 피해를 입은 것으로 나타났습니다.

폭력과 살해처럼 심각한 범죄가 아니더라도 지속적인 불평등과 차별이 여성을 따라다니죠. 국제아동구호단체 세이브더칠드런(Save the Children)에 따르면 소년에 비해 소녀는 학교 교육을 받는 대신 취업을 준비하고, 가사노동을 합니다. 조혼 풍습으로 인해 어린 나이에 결혼, 임신, 출산을 하면서 평생 여러 가지 기회 자체를 얻지 못하는 경우가 많다고 해요.

경제적 불평등도 여전합니다. 25~45살 남성의 94퍼센트가 노동 시장에 참여하고 있는 반면 여성의 비율은 63퍼센트로 낮아요. 반면 전 세계 실업률은 여성이 6.2퍼센트로 남성(5.5퍼센트)보다 높습니다. 성별에 따른 임금 격차도 나타나는데, 여성은 남성의 77퍼센트 수준의 임금을 받고 있는 것으로 나타났습니다. 그러나 이는 통계일 뿐 수치로 잘 잡히지 않는 비공식적인 자영업 분야에서 여성의 누군가는 목소리를 내야 합니다.
누군가는 분노해야 하는 겁니다.

실제 미투 운동은 2006년 미국의 사회 운동가
타라나 버크가 시작했어요.

오늘날 여성은 온라인 상에서도
폭력에 자주 노출됩니다.

성별에 따라 불평등한 제도와 관습이 좀처럼 변하지
않고, 가해자는 제대로 처벌받지 않기 때문이죠.

여러분은 이 이야기에 귀를 열 준비가 되셨나요?

임금은 더 낮을 것으로 봅니다. 또 금전적으로 가치를 부여할 수 없는 돌봄 노동이나 가사 노동에 여성이 더 많은 시간을 투자하고 있습니다.

# #

차별과 저항,
반복되는 역사

이런 상황이 지속되는 이유가 뭘까요? 성별에 따라 불평등한 제도와 관습이 좀처럼 변하지 않고, 가해자는 제대로 처벌받지 않기 때문이죠. 특히 여성은 폭력의 피해자임에도 불구하고 저항하지 않았다거나, 그럴 만했다거나, 부적절한 옷차림을 했다는 등의 '피해자 책임'론에 시달립니다. 영화 속에서도 직장에서 성희롱을 당했지만 그 사실을 폭로하지 못하는 포부 큰 신입사원 케일라 포스피실도 비슷한 말을 하죠. "직장 내 성희롱에 대해서 말해줄게. 그건 스스로를 질문의 늪에 몰아넣지. 계속 나에게 질문하는 거지. 내가 뭘 했지? 내가 무슨 말을 했지? 내가 뭘 입었지? 내가 뭘 놓쳤지? 내가 약해 보이나? 내가 돈을 노렸다고 소문날까? 내가 관심받고 싶어서 그런다고 할까? 따돌림 당하게 될까?"

어려움에도 불구하고 그레첸 칼슨처럼 저항하는 여성은 어디에

나 있었습니다. 여성의 권리는 그렇게 쉽게 주어진 법이 없었죠. 민주주의의 가장 기본적 권리인 투표권이 여성에게도 부여되기 시작한 것은 20세기 들어서예요. 미국이 독립을 선언한 이후 여성이 투표권을 얻기까지는 무려 150년이 걸렸어요.

영국의 경우를 볼까요? 영국에서는 1928년이 되어서야 21살 이상의 여성은 남성과 동등한 투표권을 얻었습니다. 그간 여성의 정치 참여를 보장하라는 요구를 정부는 번번이 무시했고, 이에 여성들은 '서프러제트(suffragette)' 운동을 시작했죠. 서프러제트는 참정권을 뜻하는 서프러지(suffrage)에 여성형 접미사가 붙은 단어로, 여성들은 가두시위, 유리창 깨기, 단식 등의 격렬한 방법을 동원해 이 운동을 펼쳐나갔습니다. 맨 선두에 선 사람은 에멀린 팽크허스트였고요. 팽크허스트는 여성사회정치연맹(Women's Social and Political Union, WSPU)을 꾸려 시위를 주도했고, 투옥됐다 풀려나기를 반복했죠. 영화 〈서프러제트〉는 바로 이 시기 여성의 모습을 다룹니다. 유독 물질에 노출되어 위험하고, 고작 푼돈을 벌 수밖에 없던 팍팍한 노동 조건 속에서 일하며 성추행을 당하던 여성들이 자신의 권리를 주장하고 나선 겁니다. 팽크허스트라는 지도자가 앞서 나갔지만, 사실 〈서프러제트〉의 여공 모드 왓츠처럼 수많은 여성들이 목소리를 냈기에 가능했던 일이었지요.

드러내어 말하고 저항하는 여성들이 변화의 씨앗을 심고 싹을 틔웠습니다. 영화 〈밤쉘〉의 여성들처럼 처음 목소리를 내는 것은 힘들지요. 그렇지만 그들의 목소리는 마치 이 영화의 부제 '세상을 바꾼 폭탄선언'처럼, 폭탄이 터지는 듯 강력한 힘을 발휘하기도 합니다. 그들의 선언이 어딘가에 울려 퍼지고 누군가가 그 메시지를 듣고 연대에 나설 때 '실질적인 변화'라는 열매를 맺을 것입니다. 반핵, 환경, 인권, 여성운동가인 작가 리베카 솔닛은《이것은 누구의 이야기인가》에서 이렇게 말했습니다. "2017년 10월, 미투 운동이 분수령이 되었던 이유는 사람들이 드디어 말을 하게 되었다는 점 때문이 아니었다. 드디어, 늦긴 했지만, 이제야 사람들이 귀를 열고 듣게 되었다는 것이었다. … 미투 운동이란 여성이 말을 하기 시작한 시점이라기보다 사람들이 경청한 시점이라 할 수 있다"라고요. 여러분은 귀를 열 준비가 되었나요?

"누군가는 목소리를 내야 해.
분노해야 해."

야구소녀

모두의
게임은
소중하다

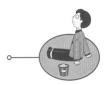

1973년 9월 20일, 미국 휴스턴 애스트로돔에서는 '세기의 성(性) 대결'이 펼쳐졌습니다. 1939년 윔블던 대회 우승을 비롯해 1940년대까지를 주름잡았던 55살 남성 테니스 선수 바비 릭스가 28살 여성 테니스 선수 빌리 진 킹에게 도전장을 내민 거죠. 스스로를 "돼지 같은 남성우월주의자"라고 칭하며 "제모 안하는 페미니스트"와 겨루고 싶다는 릭스의 제안을, 킹은 "나는 여성으로 태어난 테니스 선수일 뿐"이라며 거부해왔지만, 결국 대결이 이뤄졌습니다.

당시 킹은 여성테니스협회를 조직하고 회장으로 활동하면서 남녀 선수의 상금 격차에 대해 문제 제기를 해왔습니다. 당시 스포츠 업계에서는 남성과 여성의 상금 격차를 당연하게 여겼는데, 남성의 경기가 훨씬 재미있고 그것은 생물학적 격차에 따른 것이라는 주장이 팽배했습니다. 릭스가 킹에게 경기를 제안한 것도 이런 배경이 깔려 있었기에 킹은, "경기에서 이기지 못하면 여성을 50년 전으로 되돌릴 거라고 생각했어요. 경기를 망치고 여성의 자존심에 큰 영향을 줄 수도 있을 거예요"라며 부담감을 드러냈습니다. 대결을 수락한다는 것 자체가 쉽지 않은 결정이었을 겁니다.

경기 결과는 어땠냐고요? 킹이 삼 대 영으로 도전자 릭스를 물리쳤어요. 당시 언론은 킹의 승리를 두고 "여성 운동 선수는 커다란 압박을 받는 상황에서 살아남을 수 없다는 회의론자에게 남성도 여성만큼 취약하다는 점을 확인시켜주었다"고 평가했습니다. 과연 스포츠라는 영역에서 생물학적인 격차에 따른 상금이나 임금 격차는 필연적인 것일까요? 프로 스포츠 영역에서 인기나 스폰서십에 비례해 여성은 정당한 임금을 받고 있을까요? 스포츠업계에서 여성을 보는 시선은 어떠한가요?

# #

'여자치고는'
잘하네

영화 〈야구소녀〉 속 주수인은 고교 야구팀에서 유일한 여성 선수입니다. 최고 구속은 시속 134킬로미터. '여자치고는' 빠르다는 평을 듣죠. 어린 시절부터 야구를 해온 수인의 꿈은 줄곧 프로 구단에 들어가는 것이었어요. 여성용 탈의실이 없어 화장실 한 칸에서 옷을 갈아입고, 숙소 문제로 전지훈련도 못 가는 처지이지만 한 번도 꿈을 포기한 적은 없습니다. 어렵게 프로 구단에 입단 테스트를 받을 기회를 얻은 주수인은 힘껏 공을 던지지만 정작 돌아온 제의는 선수로 뛸 수 있는 기회가 아닌 운영 조직인 프런트 업무였습니다.

수인은 이렇게 말합니다. "야구는 누구나 할 수 있는 거잖아요. 그러니까 여자건 남자건 그건, 장점도 단점도 아니에요." 실제 프로리그에서 이 말은 '참'입니다. 여성이든 남성이든 누구든 프로야구선수가 될 수 있죠. 하지만 현실에선 '참'이 되기 어려운 말이기도 합니다.

영화를 보다 보면 '남자와 여자는 신체 조건이 다르고 필연적으로 실력에서 차이가 날 수밖에 없지 않나?'라는 생각이 들 수도 있을 겁니다. 실제 신체적·물리적으로 그럴지도 모르죠. 그렇다면 우리는 왜 '실력이 달리기 때문에 프로선수가 되기 어렵다'가 아니라 '여자라서 프로선수가 되기 어렵다'고 하는 걸까요? 여성은 남성보다 물리적 힘이 약하다는 '과학적 사실'을 근거로 들이대지만, 어쩌면 그보다는 남녀를 가르는 편견에 익숙했기 때문은 아닌지 생각해봄 직합니다.

그런 점에서 야구부에 새로 온 최진태 코치가 선수 주수인을 대하는 태도를 보면, 우리를 돌아보는 작은 실마리를 얻을 수 있지 않을까 해요. 코치는 포기하지 않는 수인에게 성별이 아니라 실력을 중심에 두고 해결책을 마련해주려고 노력합니다. 수인이 던지는 공의 단점을 보완하기 위한 훈련을 시키고 입단 테스트를 볼 기회를 마련해주는 식으로요. 여성이라서 쉽지 않은 게 진짜 현실이더라도, 코치는 그렇게 말하지 않습니다. 오히려 딸의 도전이 못마땅한 수인의 어머니를 만나 프로로 진입하는 건 여자라서 힘든 게 아니라 남자도 마찬가지로 힘든 것이라고 말하죠. 우리는 과연 누군가에게 그 코치처럼 말할 수 있을까요?

상금, 임금, 연봉의 남녀 격차
– 괜찮은가요?

앞에서 빌리 진 킹이 바비 릭스와 테니스 성 대결을 펼친 이야기를 했는데, 그 시합이 벌어진 50년 전과 지금은 많이 달라졌을까요? 그렇지는 않은 것 같습니다. '동일한 경기, 동일한 임금'을 주장하며 킹이 문제 제기했던 남녀 경기의 상금 격차는 지금도 여전합니다.

미국의 예를 들어볼게요. 월드컵에서 수차례 우승하고, 올림픽에서 메달을 따낸 미국 여자 축구 대표 선수들이 2019년 남자 대표 팀 선수와 동등한 임금 보장을 요구하면서 미국축구협회(USSF)를 상대로 6600만 달러(약 910억 원)의 손해배상소송을 제기했어요. 여자 축구 대표 팀은 소장에서 "여자 선수는 기량이 비슷한 남자 선수 수당의 38퍼센트밖에 받지 못한다"고 주장했습니다. 미국축구협회뿐만 아니라 국제축구연맹(FIFA)이 월드컵 우승팀에 수여한 상금도 열 배가량 차이가 나지요.

다른 종목도 마찬가지입니다. 골프 선수 박세리는 다큐멘터리에서 "똑같이 4라운드 경기를 하고, 똑같이 비바람 다 맞고, 똑같이 하는데 왜 남녀 상금 차이가 이렇게 많이 나는지…, 왜 달라야 하지? 여자골프투어도 남자골프투어와 동일한 상금이 가능하지 않을까?"라고 말했습니다. 2019년을 기준으로 PGA(남자골프투어) 총 상금이 4억1400만 달러(약 5760억 원)였는데, LPGA(여자골프투어)는 7130만 달러(약 990억 원)였다고 해요. 꽤 많은 차이가 있는 셈이죠.

그런데 로스앤젤레스 연방지방법원은 미국 여자 축구 대표 선수들이 제기한 소송을 기각했습니다. 법원은 '임금에서 차별은 없었다'고 기각 이유를 밝혔습니다. 특히 소송에 앞서 미국축구협회는 법원에 제출한 문서에서 임금 격차는 "성 차별이 아닌 과학"이라는 주장을 담았는데, 양 팀에 실질적으로 다른 기술과 능력, 책임이 요구되기 때문에 성 차별이 아니며, 남성이 여성보다 육체적인 능력이 뛰어나다는 것은 논쟁할 여지가 없는 과학적 사실이라고 밝혔습니다.

실제 미국축구협회의 주장처럼 신체적 능력에 따라 경기력이 차이가 나고, 경기의 TV 중계와 팬덤 등에 따라 흥행이 달라지는 만큼 상금이나 임금의 격차는 필연적이라는 주장도 있습니다. 일견 맞는 말이기도 하지만, 우리나라 프로 배구를 보면 꼭 그런 것 같지는 않아요. 프로 배구 리그에는 샐러리캡(salary cap)이란 제도가 있어요. 샐러리캡은 프로 구단의 연봉 총액의 상한선을 말하는데, 각 구단이 선수 영입을 위해 과도하게 경쟁하는 것을 방지하고, 자금력이 뛰어난 구단이 훌륭한 선수를 독점하는 것을 막기 위한 것입니다. 그런데 2020~2021년 여자 배구 샐러리캡은 23억 원, 남자 배구 샐러리캡은 41억 원으로 큰 차이가 나요. 남자 배구가 흥행하기 때문일까요? 오히려 그 반대입니다. 여자 배구의 평균 시청률이 더 높으니까요. 참! 2007년 윔블던 대회를 마지막으로 세계 4대 테니스 대회는 남녀의 상금이 동일하다고 해요. 긴 소송 끝에 2002년 2월, 협회는 미국 여자 축구 대표팀에 남자 대표팀과 같은 수준의 수당을 지급하겠다고 합의합니다.

'여성답게'가 아니라 '선수답게'

2021년 도쿄 올림픽에서 독일 여성 체조 대표 팀은 특별한 유니폼을 입고 경기에 출전했습니다. 상의와 하의가 연결돼 있고 다리를 드러내지 않는 유니타드(unitard)를 택한 것이죠. 그간 여성 체조 선수는 원피스 수영복에 소매 등을 덧대 팔이나 다리가 드러나는 레오타드(leotard) 디자인의 운동복을 착용해왔습니다. 독일 체조 선수 엘리자베스 세이츠는 "체조 선수가 어떤 옷을 입을지 결정할 수 있어야 한다고 생각한다. 우리가 가장 편안하게 느끼는 옷을 입고 체조를 하고 싶다"고 말했어요. 정말 맞는 말이죠? 그런데 왜 그동안 남성 체조 선수와는 달리 여성 체조 선수는 다리를 드러내왔던 것일까요?

도쿄 올림픽보다 앞서 열린 유럽 선수권 대회에서 독일 선수들은 유니타드 유니폼을 선보인 바 있는데 당시 독일체조연맹은 공식 SNS에 유니타드를 입고 경기하는 선수의 사진과 함께 "체조의 성적 대상화에 반대한다. 독일 체조 연맹은 긴 체조복을 입고 출발한다. 우리의 목표는 불편함 없이 미학적으로 표현하는 것"이라고 밝히기도 했어요.

체조 경기의 경우 유니타드를 입는 것은 규정에 저촉된 것은 아니었지만, 노르웨이 비치핸드볼 대표 팀은 반바지를 입고 2021년 유럽 선수권 대회 동메달 결정전에 출전했다가 벌금까지 냈습니다. "여성 선수는 옆면의 길이가 10센티미터를 넘지 않는 비키니 하의를 착용해야 한다"는 연맹의 복장 규정을 위반했기 때문이었죠. 노르웨이 선수들은 2006년부터 "비키니를 입으면 불필요한 성적 시선이 있고, 경기 중에 불편하다"고 밝히며 반바지 착용을 요구해왔고, 이번 대회에 앞서서도 같은 문의를 했지만 연맹은 이 요구를 거부했다고 합니다. 선수단에게 벌금이 매겨졌다는 소식에 세계 곳곳에서 이들을 지지하는 응원이 쏟아졌고, 미국 가수 핑크는 트위터에 "내가 기꺼이 벌금을 낼 테니 계속 싸워달라"는 글을 올리기도 했습니다. 그로부터 몇 개월 뒤 국제핸드볼연맹은 여성 선수의 비키니 관련 규정을 삭제했어요. 작지만 큰 성과였죠.

여성다운 유니폼을 강조하는 것만큼이나 스포츠 중계에선 여성 선수의 여성다움을 강조하는 성차별적 언어가 많았어요. '여성 전사' '태극 낭자' '얼음 공주' '미녀 군단' 등의 용어가 대표적이죠. 실제 영화나 영상, 교육, 연구 분야에서 성차별에 대응하는 미국 비영리단체 '더 레프리젠테이션 프로젝트(The Representation Project)'가 도쿄올림픽 중계를 분석한 결과를 보면 여성 경기 중계의 절대적인 양 자체나 황금 시간대에 중계되는 비중도 늘었지만 해설자 10명 중 8명은 여전히 남성이라고 합니다. 또 경기를 펼치는 선수 신체의 특정 부분을 부각해 보도하는 등 시각적으로 대상화된 경우는 남성은 0.6퍼센트였으나 여성은 5.7퍼센트로 여성이 10배 가까이 많았다고 해요.

하지만 여성이 나서서 불합리함을 성토하기 전에 노출이 많은 유니폼을 여성 선수에게 강요하는 규정이나, 여성 선수에 대한 성차별적 시선이 문제라는 걸 깨닫지 못했거나, 알고도 눈감았던 건 아니었는지 되돌아봐야 할 지점이 많습니다.

다시 영화 〈야구소녀〉 수인의 이야기로 다시 가봅니다. 수인은

1973년 9월 20일, 미국 휴스턴 애스트로돔에서는

'세기의 성(性) 대결'이 펼쳐졌습니다.

야구는 누구나 할 수 있는 거잖아요.
그러니까 여자건 남자건 그건,
장점도 단점도 아니에요.

2021년 도쿄 올림픽에서 독일 여성 체조 대표팀은 특별한 유니폼을 입고 경기에 출전했습니다.

영화의 결말은 우리가 만들 수 없지만,
실제 미래를 만들어가는 것은 우리입니다.

프런트 제안을 거절합니다. 그러면서 단장에게 자신이 선수 선발에 탈락한 이유에 대해서 묻습니다. "여자라서 그런가요?"가 아니라 "제가 그렇게 못했나요?"라고요. 실력이 부족해서 떨어진 것이라면 받아들일 수 있지만, 그 밖의 이유는 납득할 수 없고 생각조차 하고 싶지 않은 수인의 마음이 느껴지는 대사입니다.

과연 수인은 프로 구단에 입단할 수 있었을까요? 만약 입단했다면 호락호락하지 않은 환경을 잘 헤쳐 나가며 좋은 선수가 될 수 있었을까요? 영화의 결말은 우리가 만들 수 없지만, 실제 미래를 만들어가는 것은 우리입니다. "사람들이 내 미래를 어떻게 알아요? 나도 모르는데…" 수인이 했던 말을 스포츠에 도전하는 모든 분들, 그리고 일상을 사는 우리 모두에게 전하고 싶습니다.

"야구는 누구나 할 수 있는 거 잖아요.
그러니까 여자건 남자건 그건,
장점도 단점도 아니에요."

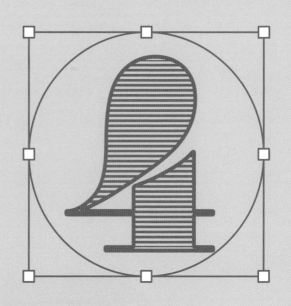

함께
살아가기
위하여

프라미스드
랜드

개발과
그
이면

프라미스드 랜드

13

0.005밀리미터 정도로 입자가 작은 진흙이 퇴적되어 굳은 암석층, 셰일(shale)에는 오래전부터 천연 가스가 존재하고 있었습니다. 석유나 석탄보다 훨씬 더 깊은 곳에 있어 인류가 이를 에너지원으로 활용하지 못했을 뿐이죠.

그런데 1990년대 말에서 2000년대 들어 상황이 달라집니다. 약 3000~4000미터 땅 밑에 숨어있는 이 가스를 추출할 수 있는 기술이 나타났습니다. 이른바 프래킹(fracking), 수압 파쇄법으로, 셰일층에 모래와 화학 약품이 섞인 물을 강한 압력으로 뿜어내어 암석을 깨뜨리고 가스를 추출하는 방식을 말합니다. 영화 〈프라미스드 랜드(Promised Land)〉의 주인공 스티브는 셰일 가스를 개발하는 대규모 에너지 회사의 토지관리부 부사장입니다. 셰일 가스가 매장된 지역에 살던 주민들을 설득해 토지를 사용할 수 있도록 허가를 받아 개발 초기 단계에서 정지 작업을 하는 게 그의 역할입니다. 스티브

역시 어린 시절 농장 지역에 살아서 누구보다 팍팍한 농촌의 현실을 잘 알고 있었기에 수백만 달러의 보상금을 제시하며 사람들의 마음을 파고든 스티브는 기업에서 승승장구합니다. 그의 앞에 과학 교사 프랭크가 나타나 환경 오염에 대한 질문을 던지기 전까지는요.

개발이냐, 환경이냐 : 반복되는 딜레마

과학 교사 프랭크는 스티브에게 프래킹이라는 셰일 가스 추출 방법에 대해 "완벽하다고 말할 수 있느냐?"라고 묻습니다. 과연 그럴까요?

프래킹은 화학 물질이 섞인 많은 양의 물을 땅에 넣습니다. 그리고 돌을 깨뜨리죠. 이 과정에서 환경 오염이 발생한다는 지적이 나오고 있습니다. 어떤 화학 물질을 얼마나 사용하는지에 대해선 완전히 공개되지 않는데, 기업의 영업 비밀이기 때문이죠. 미국 환경 단체인 시에라 클럽(Sierra Club)은 프래킹 방식으로 셰일 가스를 채취하거나 석유를 구하기 위해 시추(試錐, 지하자원을 탐사하거나 지층의 구조나 상태를 조사하기 위해 땅속 깊이 구멍을 파는 일)하는 과정에서 유독 가스가 발생하고 있고, 이 때문에 건강이 나빠졌다고 생각하는 주민의 이야기를 소개했어요. 석유정, 가스정 인근에 살고 있는 콜로라도주의 한 주민은 이렇게 말합니다. "채취 과정에서 위험한 화학 물질이 사용된다는 건 우리가 알고 있지만, 그게 정확히 무엇인지는 알 수가 없어요."

또 다른 지역에서는 지진이 논란이 되기도 합니다. 텍사스에서는 2021년에만 진도 3.0 이상의 지진이 200여 차례 있었는데, 이는 2017년 26차례에 비해 8배가량 많은 수치입니다. 그 이유를 연구한 결과를 보면 프래킹 기법에 따라 많은 양의 오염된 물이나 염수가 지하로 스며들고 암반의 휴면 단층선을 파괴하면서 지진이 발생했다는 겁니다. 가스를 생산하기 위해 주입된 물이 오염되거나 염수로 바뀌는데, 이 폐수를 지하 암석층에 다시 주입하면서 지하수가 오염되거나 지진 등의 피해가 일어나고 있다는 것이죠.

가스 추출 방법이 완벽하냐는 프랭크의 질문에 스티브는 이렇게 답합니다. "완벽이라는 건 있을 수 없겠죠." 셰일 가스를 얻는 대가로 환경이 오염될 수도 있다는 대답입니다. 하지만 팍팍한 농촌 생활을 하는 주민에게 개발에 뒤따르는 보상금 등 수백만 달러의 경제적 이익은 무시하지 못할 제안입니다. 수조 달러 단위의 개발 사업을 펼치면 해당 지자체의 세금도 늘어나게 될 테니 지자체의 재정도 탄탄해질 거고요. 개발을 하면 보장되는 경제적 이익을 고려한다면 찬성하는 입장도 이해가 갑니다.

이 장면, 사실은 많이 익숙합니다. 원자력 발전소를 우리 지역에 세울까 말까, 새만금 지역에 물막이 공사를 해서 갯벌을 없애야 하나 말아야 하나, 방사성 폐기물 처리장을 지을까 말까, 송전탑 공사를 진행해야 하나 멈춰야 하나, 터널을 뚫으면 도롱뇽이 살 수 없다는데 산을 깎아내어 도로를 만들어야 하나. 우리나라에서도 비슷한 논쟁이 수없이 이어지고 있습니다. 개발에 따르는 경제적 이익과 편리함을 우리는 무시할 수 없을 겁니다. 그렇지만 환경 파괴로 인한 문제 역시 적지 않기에 개발과 환경이라는 가치 사이에서 갈등하게 되는 겁니다.

영화에서는 이런 상황에서 투표가 갈등 해결 방식으로 채택됩니다. 개발에 찬성하는지 반대하는지 각자의 의견을 내보자는 거죠. 결론은 어차피 '개발이냐 아니냐'이기에 중립 또는 절충점을 찾기란 쉽지 않지만 그래도 어느 한쪽의 의견이 완전히 무시되지는 않는다는 점에서 절차적으로는 정당한 방법 같습니다.

하지만 역사적으로는 힘의 논리로 개발을 밀어붙인 사례도 적지 않습니다. 페루에서는 2000년대 초 미국 광산업체 뉴몬트(Newmont)와 페루 광산업체 부에나벤투라(Buenaventura)가 합작한 광산 기업 야나코차(Yanacocha)가 금광 개발에 나섰고, 평생 삶의 터전인 산과 호수를 일순간에 빼앗긴 원주민은 이 개발에 반대하고 나섰습니다. 누군가에겐 개발에 따른 자연의 '상품 가치'가 훨씬 중요했지만, 원주민에겐 조상 대대로 내려온 터전을 지키며 사는 일이 더 중요했기 때문이죠. 법정 투쟁까지 간 끝에 세계에서 네 번째로

규모가 큰 금광 개발 사업이던 야나코차의 '콩가 광산 프로젝트'는 2016년에 무산됐습니다.

브라질 아마존 밀림의 원주민은 개발 열풍에 삶의 터전을 잃는 것을 넘어, 삶의 터전을 지키려다 목숨을 잃고 있습니다. 수도 사업을 민영화했던 볼리비아에는 미국 회사가 물 사업을 벌이려 들어왔다가 원주민과 농민, 노동자 들의 시위가 벌어지는 등 이른바 '물 전쟁'이 일기도 했지요. 풍부한 자원이 오히려 현지에 살고 있는 사람에게는 독이 된 경우가 많이 있습니다.

#

인류가 지구에
가져온 재앙

지금 우리가 직면한 '개발이냐 환경이냐'라는 문제는 사실 똑 떨어지는 정답이 있는 질문은 아닙니다. 공동체가 어떤 과정을 거쳐, 어떤 선택을 하느냐가 핵심이죠. 게다가 이미 개발에 따르는 편리함에 익숙해진 우리가 삶의 방식을 단번에 바꾸기도 쉽지 않습니다. 그런데 문제는 인간의 이런 활동이 기후에 영향을 미치고, 변화한 기후가 다시 인간에게 재앙을 불러일으키고 있다는 것입니다. 산업혁명 이후 인간 활동이 기후에 영향을 미치기 시작했습니다. 각종 교통수단을 개발하고, 공장을 세우면서 화석 연료를 태워 발생하는 온실가스가 지구를 점점 덥게 만들었어요. 산업혁명 당시와 비교해 지구의 온도는 1도 가까이 올라갔다고 해요. 우리는 이런 현상을 '지구온난화'라고 부릅니다.

이렇게 지구의 온도가 올라가면서 지역마다, 계절마다 극단적인 일기 현상이 나타나기 시작했어요. 극심한 추위로 얼어붙은 땅, 동토라 불리던 시베리아에서 산불이 나고, 지구 곳곳이 폭염으로 휩싸이는가 하면, 겨울에는 강추위가 닥치기도 합니다. (앞서 나온 영화 〈설국열차〉의 배경도 기후변화로 인해 빙하기로 접어든 지구가 배경이지요.) 그래서 우리는 이런 상황을 기후'변화'가 아니라 기후'위기' 또는 기후'재앙'이라 부르기도 합니다.

개발이냐 보존이냐는 단순한 이분법을 넘어 이제는 환경을 보호하는 것이 인류의 생존과 직결한다는 주장들이 나오기 시작한 것도 이 때문입니다. 1980년대 후반 유엔 산하에 '기후변화에 관한 정부간 협의체(Intergovernmental Panel on Climate Change, IPCC)'가 만들어졌고, 전문가들이 모여 지구의 기후 상황을 진단하는 보고서를 펴냅니다. 그 보고서를 바탕으로 1990년 '기후변화에 관한 유엔 기본협약(United Nations Framework Convention on Climate Change, UNF-CCC)'이 나온 겁니다. 이 협약을 바탕으로 온실가스 감축 목표 등이 생겨난 거고요. 1997년 "2008년부터 2012년까지 발전한 나라들의 온실가스 배출량을 1990년보다 5퍼센트 줄인다"는 내용의 교토 의 정서(Kyoto Protocol)가 채택된 데 이어 2015년 파리기후변화협약(Paris Climate Change Accord)에선 산업화 이전에 비해 지구의 평균 기온이 1.5도 이상 올라가지 않도록 하는 것을 목표에 세계 각국이 동의했습니다.

하지만 이런 목표가 구호에 그치고 있을 뿐 실제 지구의 환경은 계속 나빠지고 있어요. 2021년 공개된 IPCC의 6차 평가 보고서에 따르면 2011년부터 2020년 사이 지구 표면 온도는 1980년부터 1990년의 10년보다 1.09도 높은 것으로 나타났고, 2019년 대기 중 이산화탄소 농도는 지난 200만 년 중 가장 높은 수준이었어요. 또 1950년대 이후 폭염과 가뭄이 동시다발적으로 발생하거나 전 대륙에 산불이 발생하는 등 복합적인 기후 이상 현상이 나타났는데, 그런 상황을 초래한 것은 인류의 활동이라고 보고서는 적시했습니다. 현상보다 더 심각한 것은 앞으로의 예측 부분이었는데, 향후 수십 년 이내에 이산화탄소를 비롯한 온실가스를 감축하지 않으면 21세기 안에 지구 온도가 1.5~2도까지 상승할 것이라고 보고서는 예측했습니다. 이 경우 폭염, 폭우, 가뭄, 폭풍, 빙하 축소 등의 현상이 더 자주, 더 큰 강도로 나타날 것이고요.

프래킹 기술이 완벽하다고 말할 수 있습니까?

완벽이라는 건 있을 수 없겠죠.

화학 물질이 섞인 많은 양의 물을 땅에 넣고 돌을 깨뜨리는 기술이 프래킹입니다.

우리는 이런 상황을 기후 '변화'가 아니라 기후 '위기' 또는 기후 '재앙'이라 부르기도 합니다.

청소년들이야말로 기후변화의 피해자이자 미래를 살아갈 당사자이기에 한목소리를 내고 있답니다.

여러분이 매킨리 마을 주민이고, 개발에 대한 찬반 투표를 해야 한다면 어떤 입장에 서시겠습니까?

'약속의 땅'을
만들어가는 사람들

이런 상황에서 앞으로를 살아갈 미래 세대가 목소리를 내기 시작했습니다. 스웨덴의 환경운동가 그레타 툰베리는 15살인 2018년부터 세계 지도자들이 기후변화에 더 적극적으로 대응해야 한다는 목소리를 내며 활동을 시작했어요. 스웨덴 의회 앞에서 1인 시위를 벌이다가 매주 금요일 '등교 거부 운동'을 펼쳤죠. 2019년 1월, 툰베리는 다보스 포럼 연설에서 "우리 집에 불이 났어요. 우리 집이 불타고 있다는 말을 하기 위해 여기 왔습니다"라며 생명의 터전인 지구가 위기에 처했다고 경고했어요. 물론 여러 나라가 탄소 배출량을 줄이고, 배출된 탄소를 없애는 방식으로 탄소 중립을 실현하겠다는 목표를 내세우곤 있지만, 미래 세대는 아직도 세계 지도자나 기업 들의 움직임이 기대에 훨씬 못 미치고 있다고 비판하고 있습니다. 청년이 중심이 된 미국의 기후변화 대응 단체인 선라이즈 무브먼트(Sunrise Movement)가 낸시 펠로시 하원의장의 사무실을 점거하고 적극적 대응을 촉구했고, 우리나라의 청소년 기후행동 소속 활동가 19명은 2020년 정부의 소극적인 기후변화 대응이 국민을 기후 재앙에서 보호할 수 없기에 헌법에 보장된 기본권을 침해한다고 헌법소원을 제기하기도 했습니다. 청소년들이야말로 기후변화의 피해자이자 미래를 살아갈 당사자이기에 여러 국가에서 청소년이 한목소리를 내고 있답니다.

영화의 제목을 다시 곱씹어봅니다. 〈프라미스드 랜드〉, '약속의 땅'이라는 뜻이면서, 흔히 젖과 꿀이 흐르는 비옥하고 행복한 곳을 비유하는 말이기도 합니다. 땅을 파면 셰일 가스가 나오는 영화 속 조그만 농촌 마을 매킨리는 과연 그런 곳이었나요? 아니면 셰일 가스는 사람들을 혼란스럽게 하고, 마을을 갈라놓고, 환경을 오염하는 결과를 초래했을까요? 주민들의 갈등이 극대화되는 상황에서 개발을 밀어붙여야 하는 주인공 스티브는 승승장구할 커리어를 택하는 대신 진짜 이야기를 하기로 마음먹습니다.

여러분이 매킨리 마을 주민이고, 개발에 대한 찬반 투표를 해야 한다면 어떤 입장에 설까요? 여러분도 스티브처럼 행동할 수 있었을까요? 그 선택에 우리가 사는 마을, 국가, 지구의 미래가 달려 있습니다. '약속의 땅'은 주어지는 게 아니라 우리가 다 같이 만들어가는 걸 테니까요.

"우리가 사는 현재와
앞으로 살아갈 미래에 환경을 빼고
생각할 수는 없어요."

카우스피라시

햄버거와 지구온난화에 대하여

COWSPIRACY

14

THE SUSTAINABILITY SECRET

북극곰 가족을 상상해봅시다. 크고 포동포동한 북극곰이 몸을 포갠 채 누워있는 모습이 떠오르죠? 곰이 누워 있는 차갑고 단단한 빙하도 함께 상상할 수 있습니다. 이 모습이 현재 북극곰이 사는 모습일까요? 안타깝게도 아닙니다. 북극곰은 더 이상 포동포동하지도, 단단한 빙하에 누워있지도 않거든요. 그들의 터전인 빙하가 빠르게 녹아내리고 있기 때문입니다. 빙하가 녹자 북극곰이 빙하가 아닌 육지에 머무는 시간도 늘어났습니다. 주로 잡아먹던 바다 동물 물범 대신 육지 동물인 사슴을 먹는 북극곰을 포착했다는 뉴스도 나오고 있어요. 빙하가 줄면서 사냥 자체를 하지 못하고 물속에서 헤엄만 치는 경우도 왕왕 생겨 배를 곯다 못한 북극곰이 목숨을 잃고 있다고 합니다. 그렇다보니 북극곰의 개체수가 줄고 있다고 해요. 빙하가 녹아 안전하게 이동하기 어렵고 짝짓기를 해서 새끼를 낳기도 어려워졌으니까요.

북극곰만 위험에 처한 게 아닙니다. 국제환경보호단체 그린피스 (Greenpeace)에 따르면 지구가 점점 뜨거워지고 빙하가 녹으면서 해수면이 매년 약 3밀리미터씩 상승하고 있어요. 국가 전체가 섬으로 이뤄진 몰디브는 영토 자체가 바닷물에 가라앉고 있습니다. 몰디브 정부가 바다에 흙을 쏟아부어 인공 섬을 만든 뒤 국민을 이주시킬 계획을 세울 정도로 이들이 느끼는 위기는 심각합니다.

우리나라도 기후변화의 영향을 받고 있습니다. 2010년대 후반부터 울진, 삼척 등에서 대형 산불이 자주 일어나기 시작했어요. 환경 전문가들은 기존과 다른 대형 산불이 기후변화 때문일 수 있다고 지적합니다. 그전에도 산불이 없었던 건 아니에요. 계절적 영향으로 산불이 일어나곤 했지요. 하지만 지구온난화로 기온이 높아지고 대기가 건조해진 탓에 평소보다 더 자주, 그리고 더 큰 규모로 산불이 일어날 수 있다는 게 전문가의 설명입니다. 기후가 변화하면서 북극곰의 삶뿐만 아니라 우리의 삶도 예전과 많이 달라지고 있어요.

# #

지구를 구할
1.5도

지구는 점점 뜨거워지고 있어요. 그 이유는 무엇일까요? 대기 중 온실가스 양이 늘어났기 때문입니다. 인류가 농경 사회에서 벗어나 산업화 시대에 진입하면서 화석 연료인 석탄, 석유 사용량이 늘었고 대기 중 온실가스 농도가 증가했습니다. 온실가스는 지구 표면으로부터 방출되는 복사열을 가두는 온실효과를 일으킵니다. 대표적 온실가스인 이산화탄소는 산업화 시대 이전에는 대기 중 280피피엠 이하 수준이었지만 2020년에 이르면 그 농도가 420피피엠을 넘어설 정도로 많아졌습니다. 이산화탄소 같은 온실가스가 늘어나면 지구의 온도가 올라갑니다. 지구 평균 기온이 산업화 시대 이전보다 섭씨 1도가량 높아진 시점 이후로 빙하가 녹고 해수면이 상승하며 가뭄이 잦아지는 등 기후변화가 일어나기 시작했죠.

앞으로도 인류의 활동은 계속되고 지구는 더 뜨거워지겠죠. 그래서 현재의 우리는 물론 미래 세대도 지속가능한 삶을 누리기 위해, 각국은 공동 목표를 세워 기후변화를 막아야 한다고 인식하기 시작했습니다. 앞 장에서 언급한 파리기후변화협약에는 190여 개국이 참여해 지구 평균 온도가 산업화 이전과 비교해 상승폭을 섭씨 2도 아래로 유지하고, 섭씨 1.5도 이상 높아지지 않도록 하자는 목표를 세웠습니다. 이 목표에 따라 국가별로 온실가스 감축 계획을 세우고 그 약속을 잘 지키고 있는지 정기적으로 점검하기로 했고요. 이를 위해 전 세계가 2030년까지 온실가스 배출량을 2019년 대비 43퍼센트 줄여야 하고, 2050년까지는 84퍼센트까지 줄여야 한다고 해요.

실제 각국은 배출하는 온실가스와 삼림 등을 통해 흡수하는 온실가스의 합이 제로가 되도록 하는 '탄소 중립'을 위해 목표치를 내놓았는데, 유럽연합은 2030년까지 온실가스 배출량을 1990년 대비 55퍼센트 정도 감축하며 2050년까지 탄소 중립을 이루겠다고 밝혔습니다. 미국은 2030년까지 2005년 대비 50~52퍼센트 감축을, 중국은 2060년까지 탄소 중립이라는 목표를 내걸었습니다.

물론 세계 지도자들이 이 목표를 그저 말로만 외치고 있다는 비판도 만만치 않습니다. 10대에 기후변화 대응을 촉구하며 등교 거부 시위 등을 벌여온 그레타 툰베리는 "녹색경제와 2050년 탄소 중립은 지도자들이 지금까지 했던 말이다. 말은 멋지게 들리지만 지금까지 행동을 하지 않고 있다. 우리의 희망과 열망이 그들의 공허한 약속에 빠져버렸다"고 정부와 기업인 들을 강력하게 비판했습니다. 기후변화의 경고음이 들려온 지 꽤 오래됐음에도 소극적인 행보를 보여온 어른 세대에 대한 강력한 경고입니다. 미래를 살아가야 할 젊은 세대의 위기감은 어느 때보다도 큽니다.

햄버거가 지구를
파괴한다고?

기후위기 시대를 살아가며 스스로의 생활을 돌아보는 사람들이 하나둘씩 생겨나기 시작했습니다. 다큐멘터리 영화 〈카우스피라시〉의 감독이자 출연자인 킵 앤더슨도 자신이 어떻게 살고 있는지를 체크하고 기후변화를 막을 수 있는 방식으로 하나씩 바꿔나가기로 합니다. 매연을 내뿜는 자동차 대신 자전거를 타고 다녔고 물을 아끼려 샤워도 재빨리 끝냈습니다. 외출할 때는 모든 전등을 껐는지 확인하고 일반 쓰레기와 재활용 쓰레기를 잘 분리해 배출했어요. 음식물 쓰레기는 따로 모아 퇴비로 만들어 흙으로 돌려보냈죠. 킵은 힘이 닿는 한 에너지를 아끼고 이산화탄소 배출을 줄였습니다.

그러던 중 킵은 한 가지 사실을 알고 충격에 빠집니다. 한 끼 식사로 햄버거를 먹으면 자신의 노력이 물거품이 되는 걸 알게 된 것입니다. 더 정확히는 햄버거 속의 고기 패티 한 장이 만들어지기 전까지 엄청난 환경오염이 발생한다는 걸 알게 됩니다. 그 구체적인 내용은 2006년 〈가축의 긴 그림자(Livestock's Long Shadow)〉라는 제목의 유엔식량농업기구(FAO) 보고서에 잘 담겨 있습니다. 소와 돼지, 닭 등 가축을 기르면서 발생하는 온실가스의 양이 인간이 배출하는 전체 온실가스의 약 18퍼센트를 차지한다고 해요. 이는 자동차, 비행기, 배 등 교통수단에서 나오는 양을 모두 합친 것보다 40퍼센트 많은 것이죠. 그마저도 시장과 마트 등 소매업자에게 고기를 운반할 때 발생하는 배기가스는 포함하지 않고 가축이 사료를 먹고 배출하는 메탄가스와 이산화탄소 등만 계산한 양이라고 하니 어마어마하죠.

가축 중에서도 소가 내뿜는 온실가스가 가장 양이 많은데, 되새김질하는 동물인 소는 되새김 도중 트림을 하고 이때 메탄가스를 배출한다고 해요. 메탄은 이산화탄소보다 산소를 더 많이 가두는 특징이 있어 온실효과가 이산화탄소보다 86배 더 큽니다. 대기 중에 분포하는 양은 이산화탄소보다는 적지만 온실효과가 강력하기 때문에 결과적으로 지구온난화에 큰 영향을 미치는 가스가 바로 메탄입니다.

가축을 기르는 데 막대한 물과 사료가 필요한 점도 환경 문제의 원인으로 꼽혀요. 고기 114그램이 들어간 햄버거를 만드는 데 물이 얼마나 필요할까요? 자그마치 2500리터가 든다고 합니다. 햄버거 하나를 만들려면 2리터짜리 생수병 1250개 정도의 양, 두 달 치 샤워할 만큼의 물을 쓰게 되는 셈입니다. 킵은 수도꼭지를 절약형으로 바꾸고 샤워 시간을 줄이더라도, 고기를 먹는 식습관을 유지하는 한 환경을 오염시킬 수밖에 없다고 생각합니다.

가축을 기르기 위해 숲을 점점 없애는 것도 문제입니다. 전 세계 농경지의 약 80퍼센트가 가축을 방목하고 가축을 위한 사료를 생산하는 데 이용되고 있어요. 가축을 기르는 데 이렇게나 많은 물과 곡식, 그리고 공간이 필요하다는 것을 알고 있었나요?

그리고 한 가지 더. 가축이 사는 동안 배출하는 배설물, 똥을 생각해보세요. 축산업계는 사람들이 고기를 많이 소비하자 축사 안에 가축을 빽빽이 가둬 키우기 시작했습니다. 축사 안에는 가축이 배설한 분뇨가 있겠지요. 당연히 많은 양의 축산 폐수가 발생합니다. 가축 분뇨는 생활 하수보다 94배 더 많은 산소를 투입해야 정화시킬 수 있을 정도로 유독해요. 실제 미국에서는 한 돼지 농장에서 분뇨를 모아둔 인공 못이 범람하여 엄청난 양의 분뇨가 강으로 흘러들어 물고기가 떼죽음을 당하는 일도 있었다고 해요. 그러니 이 폐수를 그대로 하천에 흘려보내면 당연히 지구를 오염시키겠죠. 그래서 나라마다 가축 분뇨를 처리하는 방법이 법으로 규정돼 있습니다.

# #

다른 식탁을
상상하는 사람들

지구온난화 이야기를 하다가 가축과 육류 이야기까지 이어진 이 과정이 어떤 사람들에게는 다소 엉뚱하게 들릴 수도 있을 겁니다. 하지만 지구의 앞날을 걱정하는 사람들은 내가 먹는 식재료가 지구에 해를 입힐지도 모른다는 생각을 하기 시작했어요. 살코기가 되는 소, 돼지, 닭 등은 생명을 가진 동물이고, 동물이 사는 동안 온실가스와 분뇨의 배출은 당연해요. 하지만 만약 인간이 개입하지 않고 자연 상태 그대로였다면, 지구에 이토록 많은 소와 돼지, 닭이 살아가고, 이토록 많은 온실가스와 분뇨도 없었을 거라는 게 이런 생각의 시작이었어요. 인간이 육류를 섭취할 목적으로 특정한 가축을 대량으로 기르면서 지금과 같은 생산, 가공, 소비로 이어지는 길고 긴 축산업의 구조가 생긴 것이죠. 자동차, 비행기 등 각종 운송 수단으로 편리함을 얻었지만 많은 양의 배기가스를 배출했듯이, 가축을 대량으로 기르면서 고기를 손쉽게 얻는 반면 온실가스와 분뇨가 나온 것입니다.

그래서 사람들은 다르게 행동하기 시작했어요. 식재료를 택할 때도 신중해졌습니다. 공장식 축사에서 나온 고기 대신 들판에 방목된 소와 돼지를 택했어요. 갑갑한 케이지에서 자란 닭에서 나온 달걀이 아니라 동물복지 인증을 받은 자연방목 농장에서 나온 달걀을 찾았고요. 육고기를 끊고 생선까지만 섭취하는 페스코(pesco), 어떠한 종류의 고기도 완전히 섭취하지 않는 비건(vegan) 문화도 이제는 완전히 생소하지만은 않은 단어입니다. 미국에서는 2003년 '고기 없는 월요일(Meat Free Monday)' 캠페인이 벌어지기도 했어요. '고기 없는 월요일'은 한 주의 시작인 월요일에 채식을 하면서 주말 동안 높아진 고기 소비량을 줄이고, 식사 습관을 돌아보자는 취지입니다. 일주일의 하루, 고기를 배제한 식단에 도전함으로써 환경을 생각하는 기회를 가질 수 있다는 게 이 캠페인의 목적이죠.

어떤 식습관이 더 좋다거나 혹은 나쁘다, 옳거나 혹은 그르다고 말하는 건 아닙니다. 성장기의 어린이, 청소년을 비롯해 어떤 사람들에게는 고기에 함유된 단백질과 지방이 꼭 필요한 영양소이기도

북극곰은 더 이상 포동포동하지도,
단단한 빙하에 누워있지도 않습니다.

지구는 점점 뜨거워지고 있어요.
그 이유는 무엇일까요?

"녹색경제와 탄소 중립은 지도자들이 지금까지 했던 말들이다.
말은 멋지게 들리지만 지금까지
행동을 하지 않고 있다."

공허한 약속에
빠져버렸다.

가축을 기르는 데 막대한 물과 사료가 필요한
점도 환경 문제의 원인으로 꼽혀요.

내가 먹는 식재료가 식탁에 오르기까지 생기는
온실가스에 대해 더 관심을 가져보는 건 어떨까요?

할 테고요. 중요한 건 가축과 육류의 영양은 물론 환경에 끼치는 영향까지 정확한 정보를 아는 일이 아닐까 싶습니다. 비단 육류뿐만 아니라 내가 먹는 식재료와 그 식재료가 식탁에 오르기까지 생기는 온실가스에 대해 조금 더 관심을 가져보는 건 어떨까요? 먹는 것에서 더 나아가 입는 것, 쓰는 것, 타는 것까지 관심 분야를 더 넓혀봐도 좋고요. 지금과 같이 지구가 뜨거워지게 만든 주체는 우리 인류잖아요. 그렇다면 지구를 지키고 다시 건강하게 만들 주체도 우리일 겁니다. 인류가 자연을 위한 행동을 해나갈 때, 비로소 변화를 시작할 수 있습니다.

마침내 비건 라면을
손쉽게 먹을 수 있는 세상….

리코리쉬 피자

에너지로
연결된
세계

내리막길을 달리는 거대한 이삿짐 트럭. 작은 체구의 알라나는 자신의 몸보다 큰 운전대를 잡고 혼란스러워 합니다. 그녀가 패닉에 빠진 건 바로 가솔린 때문입니다. 바로 트럭 연료가 다 떨어져버린 것이죠. 입술을 꼭 깨문 알라나는 브레이크에서 발을 떼고 중력을 이용해 주유소까지 운전해가는 데 가까스로 성공합니다.

영화 〈리코리쉬 피자〉의 배경은 1973년 미국 캘리포니아주 로스엔젤레스입니다. 원유 수입량이 줄자 미국 내 석유 값이 폭등하면서 석유를 구하기 어려웠던 때죠. 알라나가 겨우겨우 주유소에 도착해보니 기름통을 든 사람들이 보입니다. 주유소까지 차를 몰고 갈 경우 사용할 석유마저 아까운 사람들이 기름통을 들고 걸어서 주유소에 온 거예요.

알라나를 위기에 처하게 만든 석유 값 폭등 사태는 제1차 석유파동, '오일쇼크'입니다. 중동에서 벌어진 전쟁이 전 세계를 들었다 놓은 사건입니다. 1973년 10월, 이슬람 국가들과 이스라엘 간의 전쟁인 제4차 중동전쟁이 발발하자, 이슬람 국가 대부분이 포함된 석유수출국기구(OPEC)는 팔레스타인의 권리 회복을 요구하며 이스라엘을 돕는 서방 국가들에게 석유 수출량을 줄이겠다고 발표했습니다. 석유를 일종의 무기로 삼아 서방 국가의 변화를 일으키려 한 겁니다. 그 결과 배럴(barrel, 영국과 미국에서 쓰는 부피의 단위)당 2달러 59센트 정도였던 중동산 원유 가격이 11달러 65센트까지 올랐습니다. 하루아침에 4배 넘게 값이 뛰었어요.

기름 값이 오르면 차량 운전자와 같이 직접적인 영향을 받게 되는 사람들이 먼저 생각납니다. 하지만 기름 값 폭등의 여파는 거기서 멈추지 않습니다. 사실상 산업을 움직이는 에너지원이 석유이기 때문에 전반적인 에너지 값이 폭등하면, 자연히 물류비가 오르고 그와 연동된 소비재를 비롯한 대부분의 물가가 연쇄적으로 오를 수밖에 없어요. 많은 사람이 기름 값이 오르면 인플레이션을 염려하는 것도 이런 까닭입니다.

약 50년 전 석유 파동이 전 세계에 미친 영향이 새겨진 영화의 한 장면을 보고 떠올린 나라는 우크라이나와 러시아입니다. 우크라이나는 2022년 2월 24일, 러시아의 침공을 받아 러시아와 전쟁을 치르고 있습니다. 이 충돌로 인해 전 세계의 에너지 비용이 변하고 있어요. 전 세계 물가도 들썩들썩하고 있고요.

에너지 면에서 바라본
러시아와 우크라이나 전쟁

여러분은 많은 국가가 러시아의 에너지에 의존하고 있다는 사실을 알았나요? 러시아는 미국, 사우디아라비아에 이어 세계 3위 원유 생산 국가이고, 수출량으로 따지면 사우디에 이어 2위라고 합니다. 2019년 한 해 동안 48개 나라가 러시아산 원유를 사갔는데, 모두 1조2300억 달러에 달합니다. 러시아가 에너지를 수출해 큰돈을 벌고 있다는 뜻입니다.

　러시아가 우크라이나를 침공하자 여러 국가가 이를 규탄하며 러시아산 석유는 물론 천연가스와 석탄까지 수입하지 않겠다고 선언한 건 이 때문입니다. 전통적인 '전쟁' 영역에선 러시아가 우크라이나를 침공했으니 우크라이나를 지원하는 국가는 무기, 병력, 또는 자본을 우크라이나에 지원하는 방법을 택했을 겁니다. 그런데 러시아의 우크라이나 침공에 반대하는 국가들은 에너지 영역에서도 발빠르게 움직였어요. 석유와 천연가스, 석탄 등을 사지 않는 이 방법이 러시아를 효과적으로 압박할 수 있는 수단이라 판단한 것이지요.

　제일 먼저 금수(禁輸, 수입이나 수출을 금함) 조치를 선언한 국가는 미국이었습니다. 우크라이나 침공 13일 만인 3월 8일, 조 바이든 미국 대통령은 "세계 평화에 대한 푸틴의 공격에 우리가 대항하지 않는다면 미국인이 치를 대가는 훨씬 더 커질 것"이라며 러시아산 석유와 천연가스, 석탄을 모두 수입하지 않겠다고 밝혔습니다. 이어서 영국도 러시아산 석유를 사지 않겠다고 선언했어요. 러시아 에너지의 최대 고객인 유럽연합은 석유나 천연가스까지는 아니지만, 석탄 금수 조치를 발표했지요.

러시아는 여기에 더해 국제은행간통신협회(SWIFT) 퇴출 제재로 에너지 자원을 판매하고도 돈을 받기 어려운 이중 제재를 받았습니다. SWIFT는 세계 금융을 잇는 역할을 하는 전산망으로, 러시아에게 에너지를 산 외국 기업이 달러나 유로로 대금을 지급하면 러시아 에너지 기업들은 SWIFT를 이용해 루블화(루블은 러시아의 화폐 단위입니다)로 인출해왔습니다. SWIFT 퇴출 제재가 얼마나 강력한 금융 조치였던지, 루블화 가치가 떨어질 것이라 판단한 러시아인들은 루블화를 달러로 바꾸기 위해 은행에 몰려들었죠. SWIFT 퇴출 첫날 루블화의 가치는 달러당 83.64루블에서 119루블까지 28.77퍼센트 하락했습니다. 에너지 수출과 관련된 실물 경제 제재와 에너지 수출 대금을 받을 금융권에서의 제재까지 가해지자 러시아는 반발했어요. 우크라이나 침공을 감행한 블라디미르 푸틴 러시아 대통령은 아직 금수 조치를 내리지 않는 국가들에게 루블화로 결제하지 않으면 에너지를 팔지 않겠다고 엄포를 놓았습니다. 미국과 유럽 등이 러시아를 제재하는 사이 중국은 러시아산 원유 수입을 늘렸어요. 또 원유와 천연가스 가격이 오르면서 오히려 러시아의 재정이 흑자를 기록했다는 뉴스도 나왔습니다.

# #

러시아는
왜 침공했나

이런 제재는 러시아가 예상 못한 바는 아닐 겁니다. 그럼에도 왜 러시아는 우크라이나를 침공한 걸까요? 1차적으로 지역 패권을 놓지 않으려는 러시아와 러시아의 영향에서 벗어나려는 우크라이나가 부딪힌 것이라 볼 수 있습니다. 러시아와 우크라이나 사이엔 깊은 역사가 있는데, 우크라이나는 18세기부터 러시아 제국의 지배를 받았고, 1920년대부터 독립 전까지는 소비에트 연방(Soviet Union, 소련)이란 이름 아래 러시아와 한몸이었습니다. 이후 우크라이나는 1991년 8월, 러시아로부터 독립을 이뤄내 신생 독립국이 됐어요. 그리고 현재는 친유럽 정책을 펴고 있죠. 러시아는 이렇게 우크라이나가 영향권에서 벗어나려 하자 우크라이나를 침범해 공격한 것입니다.

러시아와 우크라이나 사이에는 이번 전쟁 전부터 크고 작은 규모의 분쟁이 벌어져왔습니다. 2014년 우크라이나 동부 지역 돈바스에서는 2014년부터 8년째 충돌이 계속되고 있어요. 돈바스는 우크라이나 동부 도네츠크와 루한스크 주를 아우르는 지역인데, 1930년대 소련이 중공업을 발전시키기 위해 러시아계 주민을 이주시킨 곳이죠. 지역 주민의 38퍼센트가 러시아계, 57퍼센트가 우크라이나계이고 러시아어를 씁니다. 그런데 2014년 이곳 주민들이 우크라이나로부터 분리·독립을 요구하면서 분쟁이 벌어져요. 내전과 유사한 상황이 벌어지자 우크라이나는 돈바스 지역을 진압했고, 러시아는 독립을 원하는 반군에 군사를 지원하면서 돈바스 분쟁이 단순한 내전이라고 말할 수 없는 복잡한 양상을 보이고 있습니다. 그러는 사이, 양측이 충돌하는 8년 동안 총 1만4000여 명이 돈바스 지역에서 목숨을 잃었어요.

2014년 같은 해 흑해 연안 크림(크름)반도 주민들이 우크라이나로부터 독립을 요구하며 크림공화국을 세웠다고 주장한 사건도 벌어져요. 크림반도는 주민의 60퍼센트가 러시아계로 알려져 있습니다. 우크라이나 정부는 크림공화국을 인정하지 않지만, 러시아는 이곳에 군을 보내 안보상 긴장을 높였어요. 그러고는 크림공화국을 러시아에 합병하는 조약을 맺어 러시아의 영향권을 확대하는 구도를 만들었습니다.

러시아와 우크라이나는 소련 몰락 후 원하는 방향이 달랐고 대체적으로 불편하게 지내왔어요. 그러다 2019년 친유럽 성향의 볼로디미르 젤렌스키 우크라이나 대통령이 당선된 후 우크라이나의 탈러시아 노선이 가속화됩니다. 우크라이나는 유럽연합에 가입하고 유럽연합의 군사동맹 북대서양 조약 기구(NATO)에 가입하려고 하죠. 물론 이런 외교적 행보는 우크라이나가 자체적으로 판단한 것이에요. 하지만 러시아는 발끈하고 나섰어요. NATO의 핵무기가 러시아 앞마당까지 다가온다는 데 참을 수 없어 하며 우크라이나 국경 지대에 무기를 배치시켜 긴장감을 높였습니다.

인권과 대체 에너지를 생각하다

석유파동이 일어난 1973년 상황과 2022년 상황이 상당히 유사해 보입니다. 에너지를 쥔 국가가 전쟁 당사자가 되면서, 에너지 질서가 흔들리고 전 세계가 들썩이고 있어요. 다른 점이 있다면, 제1차 석유 파동 때처럼 자원 수출국인 러시아가 에너지를 무기로 삼았지만, 수입 국가들은 수입량을 줄이면서 우크라이나 전쟁을 반대하고 있어요. 앞에서 설명한 것처럼요. 많은 국가가 인권 침해 문제를 명분 삼아 러시아산 원유 수입 금지나 러시아 주요 인사에 대한 제재 조치를 취하고 있거든요.

그러나 국제 사회의 여러 정치외교적 행보와는 상관없이 수많은 알라나가 패닉에 빠진 건 바로 가솔린 때문입니다. 바로 트럭 연료가 다 떨어져버린 것이죠.

알라나를 위기에 처하게 만든 석유 값 폭등 사태는 제1차 석유파동, '오일쇼크'입니다.

에너지 값이 폭등하면, 자연히 물류비가 오르고 대부분의 물가가 연쇄적으로 오를 수밖에 없어요.

러시아는 미국, 사우디아라비아에 이어 세계 3위 원유 생산 국가입니다.

유엔 인권최고대표사무소(OHCHR)에 따르면 러시아의 침공 후 약 3개월가량이 흐른 2022년 5월을 기준으로, 3573명의 우크라이나 민간인이 사망했고, 3816명이 다쳤습니다.

사람이 이번 전쟁으로 고통받고 있습니다. 침공한 러시아와 반격하는 우크라이나 사이에 교전이 계속되면서 우크라이나 민간인은 죽거나 다치고 있어요. 유엔 인권최고대표사무소에 따르면 침공 후 약 3개월가량이 흐른 5월을 기준으로, 3573명의 우크라이나 민간인이 사망했고, 3816명이 다쳤습니다. 폭격의 피해 범위가 넓은 로켓과 미사일이 사용되면서 민간인 피해가 많았고 민간인 사망자 가운데 약 6퍼센트인 241명은 어린이였다고 합니다. 또 수도 키이우 외곽 도시인 부차에서는 400구 넘는 민간인 사체가 발견돼 전 세계가 분노했죠. 손이 등 뒤로 묶인 채 사망한 400여 명의 민간인은 총살된 것으로 보여요. 우크라이나는 이를 러시아군에 의한 집단 학살이라고 보고 있고, 국제형사재판소(ICC)도 전쟁 범죄에 무게를 두고 조사에 돌입했습니다. 영화에서 그려지는 전쟁은 스펙터클하고 통쾌한 전투 신으로 그려지죠. 하지만 실제는 그와 거리가 멉니다. 끔찍하고 비참합니다. 많은 사람이 소중한 목숨을 잃거나 다치고, 운 좋게 살아남은 사람들도 돌이킬 수 없는 아픔을 안고 살아가지요. 우크라이나에 하루빨리 평화가 깃들길 바랍니다.

이번 전쟁은 인권과 더불어 어떤 에너지도 영원하지 않다는 자명한 사실을 깨닫게 해줍니다. 이번 장에서 자주 언급된 석유, 천연가스, 석탄 등도 무한대로 꺼내어 쓸 수 있는 자원은 아닙니다. 이를 지각하지 못한 채 화석연료를 소비하던 인류는 오히려 우크라이나 전쟁으로 인해 에너지를 다른 각도에서 바라볼 수 있게 되었어요. 러시아에 에너지 수입을 의존하는 서방 국가들을 비롯해 여러 국가들은 에너지 수급을 특정 국가에 과도하게 기대선 안 된다는 교훈과 함께, 석유나 천연가스 등 화석연료에 대한 의존도를 낮추고 대체에너지로의 전환이 필요하다고 생각하게 되었죠. 전력의 100퍼센트를 신재생에너지로 충당할 계획을 세웠던 독일은 우크라이나 전쟁 이후 목표 달성 시점을 2050년에서 2035년으로 15년 앞당겼습니다. 어쩌면 에너지에 대한 우리의 생각 자체를 바꿔야 할 때가 아닐까요?

전쟁이라는 비극을 통해
흔들리는 에너지 질서와 인권을
모두 생각해볼 수 있게 되다니.

컨테이젼

감염병의 시대를
어떻게
살아가야 할
것인가

16

사람들이 극장을 꺼리던 코로나19 팬데믹 시기에 더 많이 회자된 영화가 있습니다. 2011년 개봉한 〈컨테이젼〉. '전염' 혹은 '전염병'을 뜻하는 제목에서 짐작할 수 있듯 갑자기 나타난 감염병에 인류가 얼마나 혼란스러워할 수 있는지, 또 어떻게 대응해갈 수 있는지를 다룬 영화입니다.

　〈컨테이젼〉을 본 이들은 이 영화 속 설정인 신종 바이러스에 감염된 세상이 현재의 코로나19 팬데믹 상황과 매우 닮은 점이 많다는 것에 적잖이 놀랐고, 이 영화는 각종 영화 차트에서 신작들을 제치고 역주행했습니다. 영국의 코로나19 관련 정책의 사령탑이었던 맷 행콕 보건복지부 장관은 백신 관련 정책을 만들 때 이 영화로부터 영감을 받았다고 밝히기도 했어요. 행콕 장관은 영국에서 개발된 옥스퍼드-아스트라제네카 백신이 영국 국민에게 우선 공급될 수 있도록 옥스퍼드 대학과 제약회사 아스트라제네카를 압박했는데,

영화처럼 백신 쟁탈전이 벌어지는 상황을 피해야 한다고 생각했던 것 같습니다.

10년 전에 공개된 영화 속에서나 일어날법한 일을 실제로 겪고 있는 지금, 우리는 과연 어떤 상황에 놓여 있는 걸까요? 우리의 미래에 새로운 감염병이 또 나타날 수도 있을까요? 영화 속으로 들어가 봅시다.

# #

코로나19, 현실이 된 영화 속 이야기

영화는 베스라는 인물과 함께 시작합니다. 베스는 얼마 전 홍콩으로 출장을 다녀왔습니다. 일 때문에 찾은 홍콩이지만 맛있는 음식을 먹고 즐거운 시간을 보냈죠. 이후 미국으로 돌아온 베스는 몸 상태가 조금 이상하다고 느낍니다. 시차 때문에 컨디션이 조금 좋지 않은 것이라고 하기엔 뭔가 달랐어요. 연신 기침이 터져 나오고, 목이 너무 아팠습니다. 온몸에 열이 올랐고요. 고통스러워하던 베스는 얼마 지나지 않아 사망합니다. 베스를 연기한 배우는 주연급으로 유명한 기네스 팰트로였는데, 관객의 기대와 달리 영화가 시작한 지 10분 만에 스크린 밖으로 사라지자 관객 일부는 '주인공이 이렇게 금방 죽다니 영화가 어떻게 되는 걸까'라며 당황하기도 했죠. 이 영화를 만든 스티븐 소더버그 감독이 이렇게 과감한 영화 문법을 구사한 건, 바이러스 앞에선 모두 평등하다는 자명한 사실을 극 초반부에 강력하게 보여주고 싶었던 것 아닐까 싶어요.

영화에서 바이러스는 점점 활개를 칩니다. 베스의 아들도 엄마와 비슷한 병세를 보이다 숨졌고, 중국을 비롯한 아시아에서 감염자와 사망자가 속출합니다. 사람들은 혼란에 빠지고요. 코로나19 바이러스처럼 강력한 영화 속 바이러스는, 박쥐에서 돼지로 옮겨진 다음 사람에게 전파되는 걸로 나타납니다. 박쥐에서 발생해 중간 숙주를 통해 사람에게 옮겨진 것인데, 동물과 사람이라는 종을 넘어 서로 전파되는 인수공통 감염병인 것이죠. 이 바이러스, 여러 가지 특징이 코로나19 바이러스와 상당히 유사해보이지 않나요?

감염병 전문가가 아닌 영화감독이 어떻게 9년 뒤의 글로벌 보건 위기를 내다본 듯한 작품을 만들 수 있었을까요? 그에 대한 답은 '과거'에서 찾을 수 있습니다. 바이러스의 전 세계적인 유행은 코로나19 바이러스 이전에도 여러 번 있었기 때문이죠. 소더버그 감독은 2003년 대유행한 사스(SARS, 중증급성호흡기증후군)와 2009년 신종 인플루엔자 A(H1N1) 등이 광범위하게 퍼져나가는 상황을 보면서 이 영화를 제작했다고 밝혔습니다. 사스는 2002년 처음 발발해 전 세계 744명의 목숨을 앗아간 바이러스이고, 신종 플루는 2009년에 발생한 이후 약 7개월 만에 전 세계 6071명을 사망에 이르게 한 바이러스예요.

영화처럼 이미 새로운 바이러스의 등장은 예고된 바 있어요. 국제 공중보건을 다루는 유엔 전문 기구인 세계보건기구(WHO)는 2018년 미지의 질병에 대해 경고했거든요. 바로 '질병 X'가 그것입니다. 어떤 특정한 질병의 이름이냐고요? 그렇진 않아요. 사스, 메르스, 에볼라나 지카 바이러스와 같이 인류가 새로운 바이러스로 인해 맞닥뜨릴 수 있는 감염병을 의미하는 말입니다. 앞으로 언제 출현할지도, 정체도 모르는 감염병의 시대를 살아갈 것이라는 이 경고가 무섭기도 하지만, 사전에 미래 바이러스를 예견하고 관측 시스템을 비롯해 백신이나 치료제 개발 등 여러 가지 대응책을 준비할 수 있다는 점에서 그나마 다행이라는 생각도 듭니다.

21세기 들어 자주 출몰하는
바이러스

20세기 최악의 감염병으로 꼽히는 건 스페인 독감입니다. 1차 세계대전이 끝나갈 무렵인 1918년부터 유행하기 시작한 이 감염병에 전 세계 약 3억 명이 감염됐고, 최대 5000만 명이 목숨을 잃은 걸로 알려져 있어요. 당시엔 지금처럼 이동 수단이 발달하지 않았고, 무역

등의 교류도 활발하지 않았을 텐데 어떻게 이 바이러스는 퍼져나간 걸까요? 전쟁으로 인해 군인들이 다닥다닥 모여 생활했고, 전투를 위해 군인들이 이곳저곳 이동하면서 바이러스가 국경을 넘었다는 분석이 유력합니다.

특히 페니실린과 같은 항생제가 개발되지 않았던 때라 스페인 독감의 피해가 컸습니다. 스페인 독감으로 인한 사망자가 1차 세계대전으로 인한 사망자보다 훨씬 많을 정도죠. 전쟁보다 무서웠던 스페인 독감은 발병한 지 약 2년이 지난 뒤에야 잦아들었답니다. 그런데 왜 하필이면 이 감염병의 이름이 스페인 독감일까요? 스페인에서 발생했기 때문은 아니라고 합니다. 당시 전쟁을 치르던 양 진영의 국가들이 모두 감염병에 대해 쉬쉬했던 반면, 어느 진영에도 속하지 않은 중립국인 스페인 언론은 이 병에 대해 보도를 했다고 해요. 감염 사례가 최초로 발견된 곳이 아닌 감염을 최초로 알린 국가의 이름이 붙은 셈이죠.

21세기 들어 신종 바이러스가 출몰하는 빈도는 더욱 잦아집니다. 국지적인 감염병을 포함하면 매년 평균 2~4개의 신종 바이러스가 나타나고 있다고 알려졌고, 그래서 21세기를 '감염병의 시대'라고 부르기도 합니다. 대표적으로는 〈컨테이전〉에 영감을 준 사스와 신종 플루, 그리고 2012년에 퍼진 메르스(MERS, 중동호흡기증후군)가 있어요. 코로나19 바이러스와 같이 코로나 변이종인 사스는 2003년 중국에서 처음 발생해 다른 국가로 퍼져나갔습니다. 이 바이러스는 사향고양이가 박쥐에게 바이러스를 옮기고 사람으로 종 간 전파되며 병증을 일으킨 것으로 알려졌습니다. 2009년 멕시코에서 처음 발견된 신종 플루는 겨울에 유행하는 독감처럼 감염자 비말을 통해 전염됐어요. 보통 독감과 달리 젊고 어린 연령대에서도 증상이 심한 특징이 있었죠. 또 2012년 사우디아라비아에서 발견돼 중동지역과 한국에서 유행한 메르스는 2021년까지 총 888명을 사망에 이르게 한 병입니다. 메르스는 박쥐에서 낙타로 옮겨가면서 확산됐는데, 중동지역의 단봉낙타와 접촉한 사람들이 병세를 보였다고 해서 '중동호흡기증후군'이라는 이름이 붙였죠.

여러 차례 바이러스를 경험하면서 인류는 어떤 깨달음을 얻었을까요? 우선 바이러스에 대한 정보를 정확하고 투명하게 공개해야 한다는 것이었습니다. 그래야 확산세를 늦추고, 사람들의 패닉을 막을 수 있습니다. 또 전 세계가 연결된 만큼 보건 위기가 다른 국가로 이어지기 때문에 국가 간 공동 대응이 필요하다는 교훈도 얻었죠. 사스 유행 당시 중국은 바이러스에 대한 정보를 제대로 공개하지 않고, WHO 등 국제기구를 통해 정보를 투명하게 공개하지 않아 비판을 받았습니다. 중국이 초기 대응을 제대로 하지 못한 탓에 사스의 확산세를 키운 측면이 있기 때문입니다. WHO는 이를 반면교사 삼아 2005년 '국제적 공중보건 비상사태(PHEIC)' 선언 규정을 만들어요. WHO가 질병 발생 국가와 다른 국가 간에 이동을 자제하는 권고안을 내릴 수 있고, 질병이 발생한 지역에 조사단을 파견할 수 있도록 제도를 손본 것이죠. 이런 기준을 미리 마련해두었기에 코로나19 팬데믹 상황에서 비교적 신속하게 글로벌 차원의 바이러스 대응이 이뤄질 수 있었어요.

아직 끝나지 않은 팬데믹

2019년 12월, 중국 후베이성 우한에서 코로나19 바이러스의 첫 확진자가 나왔습니다. 중국 설 명절인 춘절을 맞아 많은 사람들이 이동하면서 우한에서 유행하던 코로나19 바이러스가 중국 전역으로 퍼지기 시작했어요. 한번 댐이 무너지자 바이러스는 아시아 국가들을 넘어 전 세계로 무섭게 번져나갔습니다. 사태의 심각성을 인지한 WHO는 2020년 1월 30일, 코로나19 바이러스에 대해 PHEIC를 선포했어요. 같은 해 3월 11일, 2009년 신종 플루 이후 11년 만에 전염병 최고 단계인 전 세계적 대유행, 즉 '팬데믹'을 선언하기에 이릅니다.

코로나19 팬데믹은 우리의 삶을 완전히 바꾸어놓았습니다. 한국을 비롯한 세계 여러 나라에서 거리두기 조치가 내려졌고, 직장이나 학교에 가지 않고 재택근무나 비대면 수업이 한참 동안 이어졌습니다. 마스크가 신체의 일부처럼 여겨질 정도였죠. 감염병 발생 초기 일부 국가들은 자택 대피령이나 이동 제한 조치 등을 통해 훨씬 더 강한 거리두기 조치를 시행하기도 했습니다. 중국과 인도는 감염이 대거 발생한 지역을 아예 봉쇄하기도 했어요.

코로나19 바이러스가 발견된 지 2년이 넘은 2022년 5월 현재, 코로나19 바이러스에 확진된 사람은 전 세계에 5억 명, 사망자는 624만 명에 달합니다. 한국에서만 1700만 명이 확진됐고 2만 명이 사망했어요. 확산세가 줄어들고 있고 일부에서는 코로나19가 풍토병화한 감염병인 엔데믹(endemic)으로 가고 있다는 관측도 나오지만, WHO는 코로나19 팬데믹은 아직 끝난 게 아니라며 긴장을 늦추지 말 것을 주문하고 있는 실정입니다. 팬데믹과 PHEIC 선언도 여전히 유효한 상태고요.

# #

백신은
평등한가

코로나19 바이러스는 다른 신종 바이러스와 달리 감염 예방을 위한 백신이 상당히 빠른 속도로 개발됐습니다. 일반적인 백신 개발에 10년이 걸린다면 코로나19의 경우 불과 10분의 1인 1년 정도로 개발

기간이 단축된 것이죠. 가장 큰 이유는 공공 자금이 백신 개발에 대거 투입됐다는 점이 꼽힙니다. 선진국에서 감염이 크게 확산되면서 백신 수요가 높아졌다는 점도 백신 개발을 가속한 요인입니다. 감염을 예방하는 항체를 만들어내기 위한 백신 개발과 보급은 감염병 대응의 성공과 실패를 가르는 열쇠라고 할 수 있죠. 여러 국가에서 백신을 충분히 확보하는 것은 물론 백신 접종률을 높이려는 것도 이런 이유입니다.

영화 〈컨테이전〉에서는 보건 당국이 백신 배급의 권한을 쥐고 있습니다. 백신이 모자라기 때문에 사람들은 숨죽여 백신 접종 대상자로 선정되길 기다립니다. 선정 방법은 로또. 수많은 흰 공이 통 안에 담겨 있습니다. 여기에는 1월 1일부터 12월 31일까지 날짜가 적혀 있고요. 무작위로 뒤섞이는 공들 가운데 하나가 보건 당국자의 손에 떨어집니다. 이 공에 적힌 날짜가 생일인 사람들만 백신을 맞을 수 있습니다.

백신을 개발하기까지 많은 시간과 노력이 필요하지만 임상 실험에 성공한 뒤에도 대량 생산할 때까지 적잖은 기간이 필요합니다. 백신의 생산량이 충분하지 않다면 필연적으로 누군가는 기다려야 한다는 뜻이죠. 백신을 개발하는 건 과학자들의 몫이지만, 백신을 누가 어떤 순서로 맞을 것인가는 사회적인 합의가 필요한 문제입니다. 영화 〈컨테이전〉 속 가상의 바이러스는 나이와 성별에 관계없이 동일한 치사율을 보이기 때문에, 로또처럼 무작위로 정하는 게 오히려 평등해보이기도 합니다. 그러나 실제 바이러스는 그렇지 않아요. 코로나19의 경우 고연령층, 기저질환자 등이 더 높은 치사율을 보입니다. 각국 정부에서 고연령층이나 요양보호시설 종사자, 기저질환을 가진 사람들에게 먼저 백신 접종을 시작하는 경우가 대부분이었던 것도 이런 점을 고려했기 때문입니다.

그렇다면 백신 배급 문제를 국제적으로 확장해서 생각해봅시다. 어떤 국가가 먼저 백신을 가져가고 어떤 국가는 다음 백신을 기다려야 할까요? 시장 논리로 생각해보면 백신을 살 수 있는 경제적 능력이 있는 국가가 백신을 사갈 수밖에 없을 겁니다. 이런 국가들은 대부분 선진국일 테고 백신을 구입할 수 있는 자금뿐만 아니라 백신 개발에 투자할 자금 역시 풍부할 테고요. 여기에 따르자면 개발도상국들은 백신을 살 기회조차 얻기 힘들겠죠. 모든 사람 앞에 바이러스는 평등하지만 백신은 불평등합니다. 감염병으로 고통받고 있지만 백신에서 소외된 국가들을 마땅히 인도적 차원에서 지원해야 할 것입니다. 하지만 이는 글로벌 감염병 대응 차원에서도 꼭 필요한 행동입니다. 백신에서 소외된 국가들에서 면역이 확보되지 않는다면 변이 바이러스가 계속 발생하고 팬데믹이 계속될 수밖에 없기 때문이죠. 2021년 11월, 백신 접종률이 그리 높지 않은 아프리카의 남아프리카공화국에서 코로나19 변이 바이러스 오미크론(Omicron)이 발견됐습니다. 하지만 금세 아프리카뿐 아니라 전 세계로 퍼졌어요. 백신 불평등을 해소하지 않는다면 바이러스와 싸워 이길 수 없

21세기 들어 신종 바이러스가 출몰하는 빈도는 더욱 잦아집니다.

코로나19 팬데믹은 우리의 삶을 완전히 바꾸어놓았습니다.

여전히 심각한 백신 불평등.

바이러스 앞에선 모두 평등합니다.

다는 걸 보여주는 예입니다.

부유한 나라가 백신을 싹쓸이하는 것을 막고 백신 불평등을 막기 위해 국제적 백신 공급 프로젝트가 가동되기 시작했습니다. '코백스 퍼실리티(COVAX Facility)'라는 백신 운영 기구는 부유한 국가의 국민이든 가난한 나라의 국민이든 백신을 평등하게 맞을 수 있도록 하자는 취지로 설립됐습니다. WHO와 세계백신면역연합(GAVI), 감염병혁신연합(CEPI) 등이 여기에 참여하고 있습니다. 코백스는 백신이 공급된 초기에 모든 국가의 국민 20퍼센트가 백신을 맞을 수 있도록 국가 간의 백신 공급 속도를 조절하려고 했어요. WHO사무총장은 사적인 이익을 추구할 수밖에 없는 제약회사와 백신을 필요로 하는 국가가 바로 계약을 맺지 말고, 코백스를 통해 계약을 맺도록 권유하기도 했습니다.

하지만 여전히 백신 불평등은 심각합니다. 백신이 공급된 지 약 1년이 지난 2022년 5월 기준으로, 전 세계 백신 접종률은 67.1퍼센트를 가리키고 있습니다. 접종률이 높은 한국은 1차 백신 접종률 87퍼센트, 영국이 80퍼센트, 미국이 78퍼센트를 기록한 반면 아프리카 카메룬의 1회 접종률은 6퍼센트, 세네갈은 9퍼센트, 소말리아는 14퍼센트에 불과합니다. 동시대를 살아가는 사람들이 국적에 따라 백신을 맞고, 못 맞고의 차이가 이처럼 극심합니다.

새로운 바이러스가 두려운 건 근원을 알 수 없고, 대비책이 마련돼 있지 않기 때문입니다. 또한 바이러스는 현실의 불평등을 고스란히 드러내 보인다는 점에서 감염병의 시대 인류에게는 바이러스에 대응할 생명과학 기술이 필수적이지만 인류애라는 보편적 가치와 평등을 향한 사회적·정치적 고민 역시 필요하지 않을까 생각이 듭니다. 우리가 바라고, 또 만들어가야 할 미래는 백신을 누가 맞을지를 로또 추첨으로 선택하는 세상이 아니기 때문입니다.

보이지도 들리지도 느낄 수도 없는 바이러스에 허둥대는 인간의 모습을 보았다….

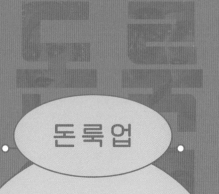

레오나르도 디카프리오　제니퍼 로랜스

돈 룩 업

탈진실 시대를
슬기롭게
살아가려면

NETFLIX | 12월 8일 극장 개봉

혜성 하나가 지구를 향해 날아오고 있습니다. 에베레스트 산만 한 크기에 큰 꼬리를 달고 있네요. 천문학과 박사과정 대학원생으로 천문대에서 혜성을 관측해 발견한 케이트 디비아스키는 무척 기뻤답니다. 행성이나 혜성에는 그것을 발견한 과학자의 이름을 붙이곤 하는데, 자신이 영광의 주인공이 될 테니까요. 그런데 기쁨도 잠시, 지도교수 랜들 민디와 함께 이 혜성의 궤도와 이동 속도를 계산해 보니 6개월 뒤면 지구와 충돌한다는 겁니다. 만약 충돌이 일어난다면 지구에 히로시마에서 폭발한 원자폭탄의 10억 배에 달하는 충격을 주고, 높이가 1.5킬로미터에 이르는 연쇄 쓰나미를 일으킬 것이라는 무서운 예측도 함께요. 그렇게 된다면 인류는 전멸할 것이 분명합니다.

영화처럼 디비아스키 혜성이 지구를 향해 날아오고 있고, 곧 지구와 충돌하기 직전이라면 어떤 일이 일어날까요? 관련 전문 지식을 가진 과학자, 정책 집행 권한을 가진 관료와 정치인, 정보를 전달하는 언론 등이 온 힘을 다해 충돌을 막기 위해 노력해야겠죠. 한 국가에 국한된 일이 아니니 국가 간 협업도 이뤄질 겁니다. 그런데 〈돈 룩 업〉 속 세상은 조금 이상합니다. 과학자들은 문제 해결을 위해 지식과 지혜를 보태려 하지만, 정치인은 그렇지 않아 보여요. 올리언 미국 대통령은 민디 교수와 디비아스키 박사의 경고를 듣고도 문제를 심각하게 받아들이지 않아요. 지지율을 생각하느라 우물쭈물 시간을 허비해버리죠. 곧 혜성이 충돌한다면 정치적 승리가 아무 의미 없을 텐데도 말입니다. 장기적인 관점에서 국가와 국민에 진정 도움이 되는 가치를 지향하는 게 아니라, 당장 지지율을 높일 만한 달콤한 정책을 펴는 정치를 포퓰리즘(populism)이라 부르고, 그런 정치인을 포퓰리스트(populist)라고 합니다. 영화 속 올리언 대통령은 전형적인 포퓰리스트의 모습을 하고 있어요.

지지율이 떨어지자 그제서야 올리언 대통령은 다가오는 혜성에 주목합니다. 코앞에 닥쳐온 재난을 '극적'이고 '뭉클'하게 해결하는 리더의 모습을 꾸며내어 지지율을 반등시키려는 속셈이죠. 그는 한밤중 텔레비전 방송을 통해 긴급 대국민 성명을 근엄하게 발표합니다. 디비아스키란 혜성이 지구를 향해 오고 있고, 우주선을 쏘아 이 혜성에 충돌시킨 뒤 그 반작용으로 혜성 궤도를 바꾸겠다고 말이죠. 혜성의 존재를 이제야 안 시민들은 걱정에 휩싸입니다.

하지만 혜성이 다가오는데도 불구하고 이를 믿지 않는 사람들이 생기기 시작해요. 과학적 사실을 믿지 않고, 혜성 충돌 가능성이 거짓이란 주장을 소셜 미디어를 통해 퍼뜨려요. 이들은 영화의 제목인 "하늘을 올려다보지 마라(Don' Look Up)"운동까지 펼쳐요. 언론도 검증에 소홀하긴 마찬가지예요. TV 뉴스에선 인기 뮤지션 커플의 연애 소식을 전하며 시청률을 노리고, 정작 중요한 혜성 소식은 등한시하지요. 정말 우스꽝스럽고 기괴합니다. 상황이 이런데 과연 사람들은 혜성 문제를 정확히 파악하고 올바르게 판단할 수 있을까요? 혹시 음모론처럼 혜성 충돌 예측 자체가 거짓말이 아닐까요?

세계의 단어가 된
'탈진실(post-truth)'

영화 〈돈 룩 업〉을 보면 '탈진실(post-truth)'이란 단어가 떠오릅니다. 옥스퍼드 사전 위원회는 탈진실을 "객관적 사실보다 개인적 신념이나 감정이 여론 형성에 더 영향을 미치는 상황"이라고 정의합니다. 객관적 사실을 두고 교묘하게 달리 해석한 견해를 사람들이 믿게끔 만들고, 그 결과 판단을 흐리게 만드는 환경이지요. 사실 자체를 꾸며낸 '거짓말'과는 다른 개념이지만, 사람들이 '진실이 아닌 것'을 믿게 한다는 점에선 탈진실과 거짓은 비슷한 면이 있습니다.

옥스퍼드 사전 위원회는 이 탈진실을 '2016년 세계의 단어'로 꼽았어요. 왜 하필 2016년이었을까요? 옥스퍼드 사전 위원회는 "영국의 유럽연합 탈퇴(브렉시트, Brexit) 찬반 여부를 묻는 국민투표와 2016년 미국 대통령 선거 당시 (이 단어를) 많이 사용했다"라고 설명하고 있습니다.

2016년 브렉시트 상황부터 보죠. 영국 정치인 일부가 유럽연합(EU)에 엄청난 비용을 대지 말고, 유럽연합을 탈퇴해 그 돈을 국민에게 쓰자고 주장한 게 발단입니다. 브렉시트 찬성 진영은 "영국이 유럽연합에 매주 3억5000만 파운드(약 5613억 원)를 보낸다. 이 돈으로 국민의료보험(NHS)을 지원하자"라고 주장했습니다. 이 슬로건으로 도배한 빨간 버스가 영국 전역을 돌아다녔고, 국방부 육군 장관까지 나서 3억5000만 파운드면 매주 군함 한 대 값을 보내는 셈이라고 손쉬운 비유를 설파했습니다. 그러자 많은 사람들이 솔깃해했습니다. 큰돈을 유럽이 아닌 국민에게 돌려주는 게 괜찮아 보였죠. 영국 통계청은 브렉시트를 결정하는 국민투표에 앞서 "3억5000만 파운드란 수치가 대중을 현혹할 여지가 있다"고 경고했지만 결국 사람들의 마음을 돌려 세우지 못했습니다.

국민투표 결과, 유럽연합을 탈퇴하자는 표심이 우세했습니다. 브렉시트는 그렇게 현실화됐어요. 하지만 브렉시트 진영이 주장한 '3억5000만 파운드 슬로건'은 진실이 아니었습니다. 유럽연합으로부터 받는 보조금을 제외하면 영국은 약 1억7500만 파운드를 보내는 게 진실입니다. 하지만 이미 영국인들에게는 정확한 액수가 중요하지 않았어요. '왜 영국이 그 많은 돈을 유럽연합에 써야 하느냐'는 구호와 분노가 더 선명하게 다가왔지요.

같은 해 미국으로 가봅시다. 대선에 출마한 도널드 트럼프는 유세 현장에서 9.11 테러 당시 수많은 미국인이 사망하자 수천 명의 무슬림이 옥상에서 환호하는 걸 목격했다고 주장했습니다. 미 경찰이 그런 '무슬림 파티'는 없었다고 사실을 제시했지만, 트럼프는 텔레비전 방송에서 파티를 봤다고 말을 바꿨죠. 그러면서 〈워싱턴포스트〉의 한 기사가 '무슬림 파티'의 근거라 주장했어요. 해당 기사에는 9.11 테러 당시 파티를 연 혐의로 경찰의 심문을 받은 이들이 있었다는 내용이 쓰여있을 뿐, 파티 참석자의 인종에 대해선 언급하지 않았습니다. 트럼프는 기사를 쓴 기자를 거짓말쟁이라고 비난하면서까지 자신의 오류를 인정하지 않았어요. 진실을 말하는 정치인임을 포기한 채 말입니다.

'돈 룩 업' 운동 지지자들처럼 트럼프의 주장을 진실로 믿는 사람들도 생겨났어요. 트럼프의 주장은 객관적 사실과는 거리가 멀었지만 9.11 테러와 주동자 오사마 빈 라덴에 대한 미국인의 적대감은 확실했기에 이를 자극하면 일부 유권자의 마음을 얻을 수 있었습니다. 확인되지 않은 사실들을 조합해 지지자가 감정이입할 해석을 덧붙인 헛소리를 우기는 것. 이 패턴은 트럼프의 대선 승리 공식이 됐습니다. 그는 미국 전역을 돌면서 '무슬림 파티설'을 비롯한 여러 헛소리를 설파했고 2016년 대선에서 승리를 거뒀어요.

───────────── # ─────────────

초연결 사회,
그러나 분열된 사회

왜 우리는 헛소리에 마음을 빼앗기는 걸까요? 조금만 찾아보면 어떤 주장이 사실인지 아닌지 알아내기 어렵지 않은데 왜 우리의 귀는 이런 얄팍한 주장에 팔랑거리는 걸까요? 과거에도 헛소리나 거짓말, 음모론은 존재했습니다. 조선시대 개혁가 조광조를 반대하는 세력이 뽕잎에 '조 씨가 왕이 된다'라는 한자를 써 벌레가 갉아먹게 만들었다는 주초위왕(走肖爲王) 일화로 중종과 조광조가 등을 졌다든지, 로마의 초대 황제 옥타비아누스가 라이벌 안토니우스 장군에 대한 추문을 퍼뜨려 민심을 얻었다는 등 헛소리에 대한 일화는 오래전부터 전해지고 있습니다.

하지만 지금처럼 헛소리가 많은 사람들에게 빠르게 그리고 대규모로 영향을 끼치는 때는 없었습니다. 우리는 눈 뜨자마자 스마트폰을 확인하고, 하루 몇 시간씩 들여다봅니다. 유무선 인터넷과 데이터망이 깔려 있고, 소셜 미디어 계정 한두 개쯤은 대부분 갖고 있지요. 사람끼리는 물론 사람과 사물, 사물과 사물까지도 연결된 그야말로 초연결 사회를 살아가고 있어요. 그 덕분에 필요한 정보를 언제 어디서나 손쉽게 찾아볼 수 있지만, 홍수라고 할 만큼 많은 정보가 쏟아지면서 정작 그 정보가 객관적인 사실인지 아닌지, 진실에 가까운지를 확인하기는 쉽지 않아졌습니다.

우리의 노력이 부족한 탓도 있어요. 스마트폰 액정, 컴퓨터 스크린을 통해 접하는 정보 중 한번에 눈길을 끄는 사진과 명쾌한 주장은 눈에 띄기 마련입니다. 유행하는 사진과 영상, 유행어로 만들어진 밈(meme), 유명인의 주장, 기사 전체가 아닌 제목을 보고 어떤 사건에 대해 윤곽을 잡을 수 있고요. 때론 그것만 보고 사건 전체에 대한 판단을 내리기도 하죠. 우리는 밈이나 주장, 제목이 내 의견과 일치할 경우, 소셜 미디어의 '좋아요'나 '공유' 버튼을 누르며 타인에게 전파하며 이를 확산시키는 역할을 하기도 합니다. 반면 내 의견과는 다른 정보는 손쉽게 무시해버리지요. 소셜 미디어에서 접한 어떤 정보에 대해 '좋아요'를 누르든 무시하든, 해당 정보가 사실인지 아닌지 확인하려는 노력과 수고는 잘 들이지 않습니다.

헛소리의 힘이 세진 데에는 플랫폼의 책임도 있습니다. 플랫폼의 알고리즘이 이용자의 관심사에 기반해 취향과 의견이 일치하는 게시물을 지속적으로 노출하기 때문에 이용자로선 비눗방울과 같은 편견, 필터버블(Filter bubble)에 갇힐 수 있어요. 일부 온라인 플랫폼은 이용자가 오래 사이트에 머물게 하기 위해 시선을 끄는 유명인의 계정을 특별 대우하거나, 괴롭힘이나 증오를 퍼뜨리는 계정을 추천

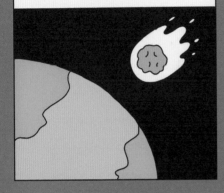

혜성 하나가 지구를 향해 날아오고 있습니다.

과학자들은 문제 해결을 위해 지식과 지혜를 보태려 하지만, 정치인은 그렇지 않아 보여요.

과학적 팩트가 아닌, 혜성 충돌 가능성이 거짓이란 주장이 SNS를 통해 퍼져나갑니다.

영화 <돈 룩 업>을 보면 '탈진실(post-truth)' 이란 단어가 떠오릅니다.

빠르고 쉽게 접할 수 있는 많은 양의 정보를 제대로 판별하는 눈을 기르는 일이 무엇보다 중요합니다.

하기도 하죠. 페이스북 내부자 프랜시스 하우겐이 2021년 미 언론에 제보한 내부 문서에 따르면, 유명하고 인기 있는 계정이라면, 폭력적이거나 유해한 게시물을 올려도 제재하지 않는 페이스북 알고리즘이 있답니다. 사람들이 플랫폼에 더 오래 머물게 하기 위해서 유명 계정을 특별히 관리하는 알고리즘을 짠 거죠.

전 세계인이 동시에 연결될 수 있는 초연결 사회임에도 불구하고 우리는 더 분열할 수 있어요. 서로에 대한 증오와 혐오가 커지면서 말입니다. BBC의 한 기자는 새 소셜 미디어 계정을 만들어 여성 혐오 페이지에 '좋아요'를 누르고, 폭력적인 동영상 몇 개를 시청하는 실험을 했어요. 그러자 며칠 뒤 이 플랫폼의 알고리즘이 유해한 계정만 추천하는 걸 발견했습니다. 이 기자는 실험을 목적으로 계정을 만들어 '좋아요'를 눌렀다지만, 실제로 편견이 있는 사람이 같은 행동을 했다면 혐오와 증오를 더 키웠으리라 짐작합니다.

가짜뉴스에
휘둘리지 않는 방법

헛소리나 가짜뉴스는 단순히 취향에 그치지 않습니다. 꼭 필요한 정보가 왜곡되는 경우, 공동체의 안정을 해치고 생명까지 위험하게 만들 수 있어요. 2020년 이란에서는 술을 마시면 코로나19에 감염되지 않는다는 낭설이 떠돌았습니다. 술을 사고 팔 수 없는 이슬람 국가인 이란에서는 이 같은 가짜뉴스를 고스란히 믿고 공업용 알코올인 메탄올을 마시는 사건이 벌어졌죠. 그 결과, 메탄올을 마신 사람들 가운데 90명은 시력을 잃었고, 728명은 사망했습니다. 인도에선 코로나19를 치료하는 의료진이 코로나19를 퍼뜨리고 있다거나, 입원한 사람들의 장기를 밀매하고 있다는 확인되지 않은 정보가 퍼지면서 의료진에 대한 신뢰가 떨어졌습니다.

세계 각국에서 이 같은 가짜뉴스가 번지자 세계보건기구는 "질병이 유행하는 동안 잘못된 정보나 허위 정보가 퍼지는 현상"을 인포데믹(Infodemic)이라 명명했습니다. 인포데믹은 정보(information)와 감염병(epidemic)의 합성어로, 잘못된 정보가 감염병처럼 퍼져 "사람들에게 혼란을 야기하고, 건강을 해칠 수 있는 위험한 행동을 유발한다"고 WHO는 경고했어요. 감염병뿐 아니라 잘못된 정보가 생명을 빼앗는 지경에 이르렀습니다.

앞으로도 우리는 탈진실의 시대를 통과할 것이고, 코로나19 바이러스의 경우처럼 잘못된 정보를 거르지 못하면 생존 자체가 불가할지 모를 일입니다. 그러므로 빠르고 쉽게 접할 수 있는 많은 양의 정보를 제대로 판별하는 눈을 기르는 일이 무엇보다 중요합니다. 신문과 방송, 다양한 온라인 플랫폼을 통해 유통되는 다양한 정보를 똑바로 이해하고 비판적으로 판단해 나만의 시각으로 사고할 수 있는 힘을 키워야 해요. 이러한 능력을 '미디어 리터러시(media literacy)'라고 부르는데, 리터러시는 단순히 글을 읽을 줄 알고 쓸 줄 아는 능력을 넘어 정보를 제대로 해독하는 능력, 곧 문해력을 뜻합니다.

정보 자체가 귀하던 예전에는 정보를 갖는 것이 능력이자 권력이었죠. 하지만 각종 정보가 넘쳐나는 현대와 미래 사회에서는 다양한 정보를 정확하게 해석하고 필요한 정보를 취사선택하는 능력이 힘이 될 것입니다. 더 나아가 자신의 시각을 정보에 덧댈 수 있는 능력까지 중요해질 거예요. 영화 〈돈 룩 업〉을 그저 가상의 이야기라고 치부하기엔, 무지하고 허둥대는 극중 사람들의 모습이 탈진실 시대를 사는 우리와 무관해 보이지 않아 어쩐지 씁쓸합니다. 그러므로 헛소리에 휘둘리지 않을 수 있는 생각의 힘을 늘 염두에 두도록 해요. 모두가 '하늘을 보지 마라'고 할 때에도, 스스로의 힘으로 사고하고 하늘을 똑바로 올려다볼 수 있도록 말입니다.

왜 우리는 헛소리에
마음을 빼앗기는 걸까?

참고문헌

#테마1 전쟁과 난민

30년째 내전 중인 나라 <모가디슈>

연합뉴스, 세계기아위험 1위 소말리아… "코로나19보다 분쟁이 문제",
https://www.yna.co.kr/view/AKR20211017000500085, 2021.10.17.

유엔난민기구 데이터 포털,
https://data2.unhcr.org/en/situations

유엔 인도주의 업무 조정국(OCHA), Somalia_ Humanitarian Bulletin,
http://www.unocha.org/somalia

모가디슈 무료 앰뷸런스 아민 앰뷸런스(https://aaminambulance.com/about-us)

Reuters, Deaths of seafarers in Somali pirate attacks soar,
https://www.reuters.com/article/somalia-piracy-seafarers-idUSLDE75J-
1KA20110620, 2021.06.21.

570만 명이 고향을 등질 수밖에 없었던 이유 <사마에게>

델핀 미누이, 임영신 옮김,《다라야의 지하 비밀 도서관》, 더숲, 2018.

경향신문, 비폭력 투쟁 강조 시리아의 '작은 간디' 체포 나흘 만에 숨져,

https://www.khan.co.kr/world/mideast-africa/article/201109152151565,
2011.09.15.

The New York Times, Syria's Paradox: Why the War Only Ever Seems to Get
Worse,
https://www.nytimes.com/2016/08/27/world/middleeast/syria-civil-war-why-
get-worse.html, 2016.08.26.

The New York Times, Having Won Syria's War, al-Assad Is Mired in Economic
Woes,
https://www.nytimes.com/2021/02/23/world/middleeast/syria-assad-econo-
my-food.html, 2021.02.23.

연합뉴스, 유엔 "시리아 내전 사망자 35만 명 넘어"… 인권사무소 보고,
https://www.yna.co.kr/view/AKR20210925038400080, 2021.09.25.

아주 오래된 갈등, 이스라엘과 팔레스타인 <크레센도>

BBC코리아, 가지지구 무력충돌: '가자지구'에서의 삶은 어떨까?,
https://www.bbc.com/korean/news-48173173, 2019.05.06.

KOTRA & KOTRA 해외시장뉴스, 팔레스타인 경제 동향 및 전망,
https://news.kotra.or.kr/user/globalAllBbs/kotranews/list/2/
globalBbsDataAllView.do?dataIdx=190047&column=&search=&searchA-
reaCd=&searchNationCd=&searchTradeCd=&searchStartDate=&search-
EndDate=&searchCategoryIdxs=&searchIndustryCateIdx=&searchItemName=&-
searchItemCode=&page=1&row=10, 2021.08.04.

에드워드 사이드, 노승림 옮김,《평행과 역설》, 마티, 2011.

아우슈비츠행 기차에 탄 사람들 <엑스맨: 더 퍼스트 클래스> <쉰들러 리스트>

브룬힐데 폼젤, 박종대 옮김,《어느 독일인의 삶》, 열린책들, 2018.

안네 프랑크 집 박물관 홈페이지(https://www.annefrank.org/en/anne-frank/who-was-anne-
frank)

야드 바셈 공식 홈페이지(https://www.yadvashem.org)

#테마2 빈곤과 격차

하루 2300원으로 살아가야 한다면? <슬럼독 밀리어네어>

유엔 통계, https://unstats.un.org/sdgs/report/2019/goal-11

유엔 식량농업기구 등, 〈2021 세계 식량안보 및 영양 현황 보고서〉

세계은행, '빈곤', https://www.worldbank.org/en/topic/poverty/overview

구정은 이지선 공저, 《여기 사람의 말이 있다》, 후마니타스, 2020.

점점 더 멀어지는 머리 칸과 꼬리 칸 <설국열차>

World Inequality Database, WORLD INEQUALITY REPORT 2022, https://wid.world/news-article/world-inequality-report-2022, 2021.12.07.

Forbes, World's Billionaires List, The Riches in 2021, https://www.forbes.com/billionaires

통계청, 〈2021 한국의 사회 동향〉

옥스팜, The Inequality Virus, 2021.01.

한국경제, 지하벙커에 사는 '쥐족'-베이징에 100만여 명, https://www.hankyung.com/international/article/2016032279571, 2016.03.22.

구정은 이지선 공저, 《10년 후 세계사》, 추수밭, 2021.

일거리를 찾아 떠도는 사람들 <노매드랜드>

Harvard Business Review, 'Job Crafting Can Help Digital Gig Workers Build Resilience', https://hbr.org/2022/01/job-crafting-can-help-digital-gig-workers-build-resilience, 2022.01.12.

제시카 브루더, 서재인 옮김,《노마드랜드》, 엘리, 2021.

구정은 이지선 공저,《10년 후 세계사》, 추수밭, 2021.

Business Insider, Amazon employees speak out against controversial phone ban after deadly tornado kills at least 6 warehouse workers in Edwardsville, Illinois, https://www.businessinsider.com/amazon-workers-speak-out-against-phone-ban-tornado-warehouse-deaths-2021-12, 2021.12.13.

Bloomberg Technology, Why Amazon Drivers Are Hanging Phones in Trees, https://www.youtube.com/watch?v=3IVw1w7ZWJI, 2020.09.02.

International Federation of Robotics, World Robotics 2021 reports, https://ifr.org/ifr-press-releases/news/robot-sales-rise-again

거품이 터지면 패닉이 시작된다 <마진콜> <국가부도의 날>

The New York Times, How U.S. Wooed Asia To Let Cash Flow In, https://www.nytimes.com/1999/02/16/world/how-us-wooed-asia-to-let-cash-flow-in.html, 1999.02.16.

벤 S. 버냉키, 안세민 옮김,《행동하는 용기: 경제 위기와 그 여파에 대한 회고》, 까치, 2015.

BBC, The Greek debt crisis story in numbers, https://www.bbc.com/news/world-europe-33407742, 2015.07.12.

The Guardian, EU says Greece can 'finally turn the page' as bailout ends, https://www.theguardian.com/world/2018/aug/20/eu-greece-bailout-ends-pierre-moscovici, 2018.08.20.

The World Bank Data, GDP growth-Italy, https://data.worldbank.org/indicator/NY.GDP.MKTP.KD.ZG?end=2020&locations=IT&start=1961&view=chart

한겨레, 혈세로 연명한 월가 때 이른 '보너스 잔치',

https://www.hani.co.kr/arti/international/globaleconomy/368919.html,
2009.07.31.

The New York Times, Wall Street Protests Continue, With at Least 6 Arrested,
https://cityroom.blogs.nytimes.com/2011/09/19/wall-street-protests-continue-
with-at-least-5-arrested, 2011.09.19.

#테마3 차별에 반대한다

"겁내지 말자, 우리는 함께 있다" <파르바나>

할레드 호세이니, 왕은철 옮김,《천 개의 찬란한 태양》, 현대문학, 2007.

하름 데 블레이, 유나영 옮김,《지금 왜 지리학인가》, 사회평론, 2015.

The New York Times, For Punishment of Elder's Misdeeds, Afghan Girl Pays the
Price,
https://www.nytimes.com/2012/02/17/world/asia/in-baad-afghan-girls-are-pe-
nalized-for-elders-crimes.html, 2012.02.16.

OHCHR, Afghanistan Independent Human Rights Commission Submission on
Child Marriage for the High Commissioner Report,
https://www.ohchr.org/sites/default/files/Documents/Issues/Women/WRGS/Hu-
manitarianSettings/Afghanistan_NHRI.docx, 2018.09.01.

연합뉴스, 탈레반 총 무섭지만… 여성 시위 수도 카불로 확산,
https://www.yna.co.kr/view/AKR20210904024600077, 2021.09.04.

피부색으로 사람을 차별한 이야기 <그린북>

Libraray of Congress, The Negro motorist Green-book,
https://www.loc.gov/item/2016298176

연합뉴스, '흑인 자리' 거부 민권운동 선구자, 67년 만에 "범죄 기록 지워야",
https://m.yna.co.kr/view/AKR20211027109900009, 2021.10.27.

Film School NYFA - A Girl Like Me,
https://www.youtube.com/watch?v=Wk_x7s3QiYk, 2007.05.17.

Washington Post, The black-white economic divide is as wide as it was in 1968,
https://www.washingtonpost.com/business/2020/06/04/economic-di-
vide-black-households, 2020.06.04.

이란주 글, JUNO 그림, 《이주노동자를 묻는 십대에게》, 서해문집, 2021.

국가인권위원회, 한국사회의 인종차별 실태와 인종차별 철폐를 위한 법제화 연구, 2020.

서울신문 나우뉴스, "배추로 맞았다" 오징어게임 필리핀 배우 인종차별 폭로에 누리꾼 설
전,
https://nownews.seoul.co.kr/news/newsView.php?id=20211102601008,
2021.11.02.

세상을 뒤흔든 피해자들의 목소리 <밤쉘>

Washington Post, Trump says Fox's Megyn Kelly had 'blood coming out of her
wherever',
https://www.washingtonpost.com/news/post-politics/wp/2015/08/07/trump-
says-foxs-megynkelly-had-blood-coming-out-of-her-wherever, 2015.08.08.

UN WOMEN, Facts and figures: Ending violence against women,
https://www.unwomen.org/en/what-we-do/ending-violence-against-
women/facts-and-figures

UN WOMEN, Facts and Figures: Economic Empowerment,
https://www.unwomen.org/en/what-we-do/economic-empowerment/facts-
and-figures

한겨레, "여성 살인 멈춰라"…하나의 구호로 연결된 전 세계 여성들,
https://www.hani.co.kr/arti/society/women/1021101.html, 2021.11.28.

me too (https://metoomvmt.org)

세이브더칠드런, Gender Discrimination: Inequality Starts in Childhood,
https://www.savethechildren.org/us/charity-stories/how-gender-discrimina-

tion-impacts-boysand-girls

리베카 솔닛, 노지양 옮김,《이것은 누구의 이야기인가》16쪽, 창비, 2021.

모두의 게임은 소중하다 <야구소녀>

Larry Schwartz (Special to ESPN.com), Billie Jean won for all women
https://www.espn.com/sportscentury/features/00016060.html

CNN, US Soccer claims it won't pay women equally because being a male player
requires more skill,
https://edition.cnn.com/2020/03/11/us/us-soccer-federation-court-docu-
ment-trnd/index.html, 2020.03.12.

PD 저널, "미남군단은 없잖아요" 편견과 차별에 맞서온 국가대표들의 투쟁기,
https://www.pdjournal.com/news/articleView.html?idxno=72813, 2021.08.13.

Deutscher Turner-Bund 트위터,
https://twitter.com/dtb_online/status/1384842097455403009?s=20, 2021.04.21.

NPR, German Gymnasts Cover Their Legs In Stand Against Sexualization,
https://www.npr.org/2021/05/02/992566981/german-gymnasts-cover-their-
legs-in-stand-against-sexualization, 2021.05.02.

The Representation Project. #RESPECTHERGAME Report,
https://therepproject.org/wp-content/uploads/2021/08/Respect-Her-Game-Re-
port.pdf, 2021.08.

#테마4 함께 살아가기 위하여

개발과 그 이면 <프라미스드 랜드>

Sierra: THE MAGAZINE OF THE SIERRA CLUB, Oil and Gas Companies Routinely
Frack With "Trade Secret" Chemicals, Including PFAS,
https://www.sierraclub.org/sierra/oil-and-gas-companies-routinely-frack-
trade-secret-chemicals-including-pfas, 2022.02.09.

The Texas Tribune, Earthquakes in Texas doubled in 2021. Scientists cite years of oil companies injecting sludgy water underground, https://www.texastribune.org/2022/02/08/west-texas-earthquakes-fracking, 2022.02.08.

IPCC, Sixth Assessment Report, https://www.ipcc.ch/report/ar6/wg1, 2021.

The Guardian, 'Our house is on fire': Greta Thunberg, 16, urges leaders to act on climate, https://www.theguardian.com/environment/2019/jan/25/our-house-is-on-fire-greta-thunberg16-urges-leaders-to-act-on-climate, 2019.01.25.

청소년 기후행동 홈페이지(https://youth4climateaction.org/climate-litigation)

구정은 이지선 공저, 《여기 사람의 말이 있다》, 후마니타스, 2020.

햄버거와 지구온난화에 대하여 <카우스피라시>

조너선 사프란 포어, 송은주 옮김, 《동물을 먹는다는 것에 대하여》, 민음사, 2011.

대한민국 외교부, 기후변화협상, https://www.mofa.go.kr/www/wpge/m_20150/contents.do

기상청, CO₂ 연평균 농도 변화 추이, https://www.index.go.kr/potal/stts/idxMain/selectPoSttsIdxMainPrint.do?idx_cd=1399&board_cd=INDX_001

연합뉴스, 기후변화-식습관만 바꿔도 줄일 수 있다, http://www.me.go.kr/ndg/web/board/read.do?pagerOffset=0&maxPage-Items=10&maxIndexPages=10&searchKey=title&searchValue=%EA%B0%80%EC%B6%95%EB%B6%84%EB%87%A8&menuId=3291&orgCd=&boardId=328-611&boardMasterId=157&boardCategoryId=120&decorator=, 2022.02.09.

환경부, 가축분뇨 수질오염행위 단속 강화, 2012.02.15.

FAO, 《Smithfield Foods》, 〈Livestock's role in climate change and air pollution〉, https://www.fao.org/3/a0701e/a0701e03.pdf, 2006.

The New York Times, Huge Spill of Hog Waste Fuels an Old Debate in North Carolina,
https://www.nytimes.com/1995/06/25/us/huge-spill-of-hog-waste-fuels-an-old-debate-in-north-carolina.html, 1995.06.25.

Propublica, A Hog Waste Agreement Lacked Teeth, and Some North Carolinians Say They're Left to Suffer,
https://www.propublica.org/article/a-hog-waste-agreement-lacked-teeth-and-some-north-carolinians-say-left-to-suffer, 2018.11.23.

The Guardian, 'Blah, blah, blah': Greta Thunberg lambasts leaders over climate crisis,
https://www.theguardian.com/environment/2021/sep/28/blah-greta-thunberg-leaders-climatecrisis-co2-emissions, 2021.09.28.

에너지로 연결된 세계 <리코리쉬 피자>

행정안전부 국가기록원, 석유는 돈이고 무기다,
https://theme.archives.go.kr/next/koreaOfRecord/gasoline.do

Bloomberg, Russia Sidesteps Sanctions to Supply Energy to Willing World, Alan Crawford,
https://www.bloomberg.com/news/articles/2022-04-07/russia-sidesteps-sanctions-to-flood-awilling-world-with-energy, 2022.04.27.

유엔 인권최고대표사무소(OHCHR), Ukraine: civilian casualty update 13 May 2022,
https://www.ohchr.org/en/news/2022/05/ukraine-civilian-casualty-update-13-may-2022, 2022.05.13.

유엔 난민기구(UNHCR),
https://data2.unhcr.org/en/situations/ukraine#_ga=2.86776080.903503899.1650892917-1084739663.1650892917

한겨레, 돈바스는 어떤 곳?… 우크라이나엔 에너지 공급지, 러시아엔 계륵,
https://www.hani.co.kr/arti/international/international_general/1032298.html, 2022.02.23.

경향신문, 푸틴 독립 승인으로 '전쟁 트리거'된 돈바스는 어떤 지역?, https://www.khan.co.kr/world/world-general/article/202202221650001, 2022.02.22.

경향신문, 러시아 루블화, 제재 이후 30% 가까이 하락… 사상 최저에 인플레 조짐, https://www.khan.co.kr/world/world-general/article/202202280939001, 2022.02.28.

한겨레, 러시아 제재의 역설… 에너지값 상승에 상반기 재정 '흑자', https://www.hani.co.kr/arti/international/europe/1050765.html, 2022.07.13.

감염병의 시대를 어떻게 살아가야 할 것인가 <컨테이전>

The Guardian, Matt Hancock's vaccine rollout was inspired by Contagion. Here's what he should watch next, https://www.theguardian.com/film/filmblog/2021/feb/04/contagion-film-matt-hancock-covid-vaccine-policy-hollywood, 2021.02.04.

LBC, Matt Hancock tells LBC how film Contagion alerted him to global vaccine scramble, https://www.lbc.co.uk/news/matt-hancock-tells-lbc-how-film-contagion-alerted-him-to-global-vaccine-scramble, 2021.02.03.

CDC, 1918 Pandemic (H1N1 virus) – Influenza (Flu), https://www.cdc.gov/flu/pandemic-resources/1918-pandemic-h1n1.html

WHO, Influenza A(H1N1) pandemic 2009-2010, https://www.who.int/emergencies/situations/influenza-a-(h1n1)-outbreak

WHO, Middle East respiratory syndrome coronavirus (MERS-CoV), http://www.emro.who.int/health-topics/mers-cov/mers-outbreaks.html

연합뉴스, WHO "공평한 분배 위해 백신 제약사-국가 양자거래 중단해야", https://www.yna.co.kr/view/AKR20210109007300088?site=mapping_related, 2021.01.09.

The New York Times, Tracking Coronavirus Vaccinations Around the World, https://www.nytimes.com/interactive/2021/world/covid-vaccinations-tracker.

html, 2022.05.04.

탈진실 시대를 슬기롭게 살아가려면 <돈 룩 업>

제임스 볼, 김선영 옮김, 《개소리는 어떻게 세상을 정복했는가》, 다산 초당, 2020.

BBC, Trump and truth,
https://www.bbc.com/news/world-us-canada-38731191, 2017.01.24.

The Wall Street Journal, Facebook Says Its Rules Apply to All. Company Documents Reveal a Secret Elite That's Exempt,
https://www.wsj.com/articles/facebook-files-xcheck-zuckerberg-elite-rules-11631541353?mod=article_inline, 2021.09.13.

BBC, Online Abuse: Why Do You Hate Me?,
https://www.bbc.co.uk/iplayer/episode/m0010s0w/panorama-online-abuse-why-do-you-hateme, 2021.10.18.

Al Jazeera, Iran: Over 700 dead after drinking alcohol to cure coronavirus,
https://www.aljazeera.com/news/2020/4/27/iran-over-700-dead-after-drinking-alcohol-to-cure-coronavirus, 2020.04.27.